A MADELEINEK MŰVÉSZETE

100 recept Madeleines kulináris titkainak feltárásához

Ramóna Dobos

Copyright Anyag ©2023

Minden jog fenntartva

A kiadó és a szerzői jog tulajdonosának megfelelő írásos beleegyezése nélkül ennek a könyvnek egyetlen része sem használható fel vagy továbbítható semmilyen formában vagy módon, kivéve az ismertetőben használt rövid idézeteket. Ez a könyv nem helyettesítheti az orvosi, jogi vagy egyéb szakmai tanácsokat.

TARTALOMJEGYZÉK

TARTALOMJEGYZÉK 3
BEVEZETÉS 7
CITRUSOS MADELEINES 8
   1. Yuzu madeleines 9
   2. Mézes-narancsos Madeleines 12
   3. Citromos kakukkfű Madeleines citrom vodka sziruppal 15
   4. Narancssárga omlós Madeleines 18
   5. Lemon Verbena Madeleines 20
   6. Narancssárga Madeleines 23
   7. Sós karamell és citromos Madeleine 26
   8. Vérnarancs és étcsokoládé Madeleine 29
   9. Citrom Madeleines 32
   10. Grapefruit Madeleines 34
   11. Lime Madeleines 36
   12. Tangerine Madeleines 38
   13. Vérnarancsos Madeleines 40
   14. Clementine Madeleines 42
   15. Bergamott Madeleines 44
   16. Grapefruit és mákos Madeleines 46
   17. Key Lime Madeleines 48
   18. Calamondin Madeleines 50
   19. Kumquat Madeleines 52
   20. Citrom és levendula Madeleines 54
   21. Bergamot és Gróf szürkeMadeleines 56
GYÜMÖLCSÖS MADELEINEK 58
   22. Málna és lime Madeleines 59
   23. Banán Madeleines 61
   24. Citrom és áfonyás Madeleines 63
   25. nápolyi Madeleines 65
   26. Lekvár és kókuszos Madeleines 68
   27. Eper Madeleines 71
   28. Áfonya Madeleines 73
   29. Ananász Madeleines 75
   30. Mango Madeleines 77

31.	Földi szeder Madeleines	79
32.	Cseresznye Madeleines	81
33.	Barack Madeleines	83
34.	Sárgabarack Madeleines	85
35.	Almás fahéjas Madeleines	87
36.	Vegyes bogyós Madeleines	89
37.	Banán diós Madeleines	91
38.	Szilva Madeleines	93
39.	Papaya Madeleines	95
40.	Görögdinnye Madeleines	97
41.	Passion Fruit Madeleines	99
42.	Guava Madeleines	101
43.	Kiwi Madeleines	103
44.	Madeleine Eper Charlotte torta	105

DIÓS MADELEINEK ... 108

45.	Mandula Madeleines	109
46.	Mogyorós Madeleine süti	111
47.	Barna vaj és mandula Madeleines	114
48.	Diós Madeleines	117
49.	Pisztácia Madeleines	119
50.	Pekándió és juhar Madeleines	121
51.	Makadámdió Madeleines	124
52.	Kesudió Madeleines	126
53.	Diós és mézes Madeleines	128
54.	Mogyoróvajas csokoládé chips Madeleines	130

KUKORICA MADELEINES ... 132

55.	Kék kukoricaMadeleines	133
56.	Cukorka kukorica csíkos Madeleines	135
57.	Kukoricakenyér Madeleines	137

CSOKOLÁS MADELEINES ... 140

58.	Csokoládé Madeleine Ice Krém Szendvicsek	141
59.	Csokoládé Madeleines	144
60.	Csokoládé-Gyömbér Madeleines	147
61.	Csokoládé Brownie Madeleines	150
62.	Étcsokoládé Madeleines	153
63.	Csokoládé Madeleines étcsokoládéba mártva	156
64.	Fehér csokoládé Madeleines	159

VEGGIE MADELEINES ... 161

65.	Burgonya Madeleines	162
66.	Répatorta Madeleines	165
67.	Kecskesajt és szárított paradicsomos Madeleine	168
68.	Eper és Ube Madeleines	170

FŰSZERES MADELEINEK ... 172

69.	Cukor- és fűszeres Madeleines	173
70.	Mézeskalács Madeleines	175
71.	Sütőtök fűszerMadeleines	178
72.	Chai fűszerezett Madeleines	181
73.	Fahéjas Madeleine torták	183
74.	Fűszeres narancsos Madeleines	186
75.	Fahéj Chip Madeleines	188
76.	Chilis csokoládé Madeleines	190
77.	Fűszeres mandula Madeleines	192
78.	Sriracha és Cheddar Madeleines	194
79.	Jalapeño kukoricakenyér Madeleines	196

VIRÁGOS MADELEINEK ... 198

80.	Pisztácia rózsavíz Madeleines	199
81.	Málna rózsa francia Madeleines	202
82.	Levendula Édesem Madeleines	205
83.	Bodzavirág Madeleines csokoládémártással	207
84.	Rose Madeleines	210
85.	Narancsvirág Madeleines	212
86.	Lila Madeleines	214
87.	Kamilla méz Madeleines	216
88.	Hibiszkusz Madeleines	218
89.	Jázmin teadélután Madeleines	220
90.	Limeblossom Madeleines	222

GYÓGYSZERES MADELEINEK ... 224

91.	Parmezán-Madeleines gyógynövény	225
92.	Rosemary Lemon Madeleines	227
93.	Kakukkfű parmezán Madeleines	229
94.	Bazsalikomos napon szárított paradicsomos Madeleines	231
95.	Kapor és Feta Madeleines	233

KAFFEINES MADELEINEK ... 235

96.	Mocha Madeleines eszpresszómázzal	236
97.	Espresso Madeleines	239
98.	Matcha zöld teadélután Madeleines	241

99. Chai fűszerezett Madeleines 243
100. Gróf szürkeTeadélután Madeleines 246
KÖVETKEZTETÉS 248

BEVEZETÉS

Üdvözöljük a madeleine varázslatos világában, azon finom, kagyló formájú finomságokban, amelyek generációk óta megragadják az ételrajongók szívét és ízlését. A következő oldalakon egy elragadó utazásra indulunk a madeleines sütés művészetében, feltárva a nosztalgia és kényelem érzetét keltő finom édességek elkészítésének titkait.

A Madeleine több, mint egy édes kényeztetés; ablakot jelentenek a francia sütés lelkébe. Ropogós éleikkel és gyengéd morzsáikkal ezek a kis csodák az egyszerűség és az elegancia ízét kínálják minden falatban. Ebben a szakácskönyvben elmélyülünk a madeleines esszenciájában, megemlékezve történetükről, kulturális jelentőségükről és arról a puszta örömről, amelyet a szerencséseknek okoznak, hogy megízlelhessék őket.

Akár tapasztalt pék, akár csak most kezdi kulináris utazását, ez a szakácskönyv az Ön megbízható társa. Belül a madeleine receptek változatos skáláját találja, a klasszikus citrommal átitatott finomságoktól az innovatív variációkig, amelyek felébresztik ízlelőbimbóit. Ezeket a recepteket úgy terveztük, hogy minden alkalomra megfeleljenek, legyen szó egy hangulatos délutáni teáról, egy különleges ünnepről vagy egyszerűen csak egy szívből jövő ajándéknak.

Miközben e szakácskönyv oldalain navigálunk, nemcsak receptek kincsesbányáját fedezheti fel, hanem a madeleine-sütés művészetének elsajátításához szükséges technikákat és tippeket is. A megfelelő összetevők kiválasztásától a tökéletes állag és íz eléréséig minden lépésen végigvezetjük Önt, biztosítva, hogy a madeleine minden alkalommal kiváló legyen.

Tehát, akár egy párizsi cukrászda ízeit szeretné újrateremteni, akár madeleine-emlékeket szeretne megalkotni, ez a szakácskönyv az útlevél a csodálatos lehetőségek világába. Csatlakozzon hozzánk ezen a kulináris kalandon, miközben feltárjuk a titkokat, megosztjuk a történeteket, és ünnepeljük a francia madeleine ellenállhatatlan vonzerejét. Készüljön fel egy liszttel, tojással és egy csepp varázslattal teli utazásra, miközben felfedezzük ezeknek az apró remekműveknek a sütésének művészetét.

CITRUSOS MADELEINES

1. Yuzu madeleines

ÖSSZETEVŐK:

- 230 g sótlan vaj
- 240 g szobahőmérsékletű tojás
- 185 g kristálycukor
- 235 g sima liszt
- 1 yuzu héja, finomra reszelve
- ½ citrom héja
- 2 teáskanál szódabikarbóna
- ¼ teáskanál só

YUZU CITROMOS MÁZ

- 150g porcukor/cukrászcukor, szitálva
- 1 evőkanál citromlé
- 2 evőkanál yuzu lé

UTASÍTÁS:

a) A vajat kockákra vágjuk, mielőtt alacsony lángon felolvasztjuk. Amikor a vaj felolvadt, használat előtt hagyjuk kihűlni.

b) A lisztet és a szódabikarbónát átszitáljuk, és alaposan összekeverjük.

c) Helyezze a szobahőmérsékletű tojásokat egy keverőtálba, és közepes sebességgel keverje habverővel körülbelül 30 másodpercig.

d) Adjuk hozzá a cukrot a tojásokhoz, és keverjük közepes-nagy sebességgel körülbelül 5-8 percig, amíg sápadt és sűrű nem lesz. A tésztának szalagos állapotban kell lennie. Fontos, hogy ebben a szakaszban ne legyél alulmaradva.

e) Adja hozzá az átszitált hozzávalókat három részletben – egy lapáttartozék segítségével, verje alacsony sebességgel, amíg el nem keveredik.

f) Fokozatosan öntsük bele az olvasztott és kihűlt vajat, miközben a mixer még jár. Ne öntse az egészet egyszerre, ha nem, akkor nehéz lesz nagy mennyiségű vajat belekeverni a tésztába. Addig keverjük, amíg jól beépül.

g) Csomagoljuk be a tálat, és tegyük hűtőbe legalább 3 órára vagy egy éjszakára. A tészta néhány napig eltartható a hűtőszekrényben.

h) Vajja ki bőségesen a madeleine tálcákat, különösen a rések körül, és helyezze a tálcát a fagyasztóba.

i) A sütőt 180 Celsius fokra előmelegítjük. Vegye ki a madeleine formákat a fagyasztóból, és szórja meg liszttel a formákat, fordítsa meg a tálcákat, hogy a felesleges liszt kicsapjon belőle.

j) Töltsön meg egy csőzsákot, és tömítse le mindegyik üreget körülbelül ¾-ig. Mivel a tészta hideg, körülbelül 15 percig tartott a sütés.

k) A madeleine-nek jól megkeltnek kell lennie, jellegzetes púpjával. A széleinek aranybarnának kell lenniük.

l) Fordítsa meg a madeleine-t egy rácsra. Könnyen ki kell jönniük, ha jól kikented a tálcákat. A legjobb, ha azonnal, porcukorral meghintve, még melegen tálaljuk.

Yuzu citrommáz

m) Keverjük össze az átszitált porcukrot a citrommal és a yuzu levével. Ha szükséges, hígítsa fel vízzel. A máznak elég sima és vastagnak kell lennie ahhoz, hogy bevonja a madeleineket, és a felesleg lefolyjon.

n) Miután kivette a madeleine-t a sütőből, hagyja őket a tepsiben ülni körülbelül 5 percig, mielőtt kiveszi őket.

o) Még forrón mártsuk a madeleine-ket egyesével a mázunkba.

p) Tegye a madeleineket egy hűtőrácsra, púpos oldalukkal lefelé, hogy a felesleges máz lecsepegjen.

2. Mézes-narancsos Madeleines

ÖSSZETEVŐK:

- olvasztott vaj (a madeleine forma kikenéséhez)
- 2 nagy tojás
- ⅓ csésze méz
- ¼ csésze cukor
- 1 ½ teáskanál reszelt narancshéj
- ½ teáskanál narancsvirágvíz
- ½ teáskanál vanília kivonat
- 1 csésze univerzális liszt
- ¾ csésze sótlan vaj, olvasztott és szobahőmérsékleten
- További cukor (a tetejére szóráshoz)

UTASÍTÁS:

a) Melegítsd elő a sütőt 200°C-ra (400°F). Kenjük meg a madeleine formát olvasztott vajjal, majd szórjuk meg liszttel, biztosítva a megfelelő kenést és megakadályozva a ragadást.

b) Egy elektromos mixer edényében keverje össze a tojást, a mézet, a ¼ csésze cukrot és a reszelt narancshéjat. Helyezze a keverőedényt egy főzőedénybe, ahol forró víz van (dupla bojler), ügyelve arra, hogy az edény ne érjen hozzá a vízhez. A keveréket addig keverjük, amíg langyos nem lesz, ami körülbelül 2 percet vesz igénybe.

c) Vegye ki az edényt a forrásban lévő vízből, és elektromos keverővel keverje addig, amíg halványsárga nem lesz, és térfogata megháromszorozódik, ami körülbelül 12 percig tart.

d) Adjuk hozzá a narancsvirágvizet és a vaníliakivonatot a keverékhez, majd alacsony sebességgel verjük tovább.

e) Fokozatosan keverje hozzá az univerzális lisztet, időnként kaparja meg az edény oldalát, hogy biztosítsa az egyenletes keveredést.

f) Tegye át a tészta egyharmadát egy közepes tálba. Fokozatosan hajtson bele ¾ csésze olvasztott vajat a tésztába egy közepes tálban (ne tegye bele a vízbe az olvasztott vaj alján).

g) Óvatosan forgasd bele a közepes tálból a keveréket a maradék tésztába, enyhén sűrűbb tésztát hozz létre.

h) A masszát kanalazzuk a madeleine formába, mindegyik formát majdnem a tetejéig töltjük.

i) Süssük a madeleineket az előmelegített sütőben körülbelül 10 percig, vagy amíg a keksz rugalmas tapintású lesz. A sütés felénél fordítsuk meg a serpenyőt az egyenletes főzés érdekében.

j) Ha megsült, vegye ki a tepsit a sütőből, és fordítsa rá a hűtőrácsra. Óvatosan húzzuk ki a madeleineket a formából egy kés hegyével.

k) Amíg a madeleine még meleg, szórja meg őket cukorral, hogy még finomabb legyen.

l) További madeleine készítéséhez törölje ki a formát, kenje meg olvasztott vajjal, szórja meg liszttel, és ismételje meg a folyamatot a maradék tésztával.

m) Hagyjuk a madeleine-t teljesen kihűlni a rácson. Kihűlés után légmentesen záródó edényben szobahőmérsékleten tároljuk. Ezeket az elragadó mézes-narancsos Madeleine-eket már egy nappal korábban elkészítheti, és teával vagy kávéval is élvezheti.

3. Citromos kakukkfű Madeleines citrom vodka sziruppal

ÖSSZETEVŐK:
A Madeleines számára
- 2 csésze tortaliszt (nem magától kelő)
- 1 teáskanál Sütőpor
- ½ teáskanál Só
- 3 evőkanál plusz 1 teáskanál frissen reszelt citromhéj (kb. 7 nagy citromból)
- 1 ½ evőkanál finomra vágott friss kakukkfűlevél
- 1 csésze (2 rúd) sózatlan vaj, megpuhult
- 2 teáskanál friss citromlé
- 2 csésze cukor
- 6 nagy tojás

A CIROMSZIRUPHOZ:
- ¼ csésze víz
- ¼ csésze cukor
- ¼ csésze citromos vodka
- ¼ csésze friss citromlé
- 2 teáskanál finomra vágott friss kakukkfűlevél

UTASÍTÁS:
A Madeleines számára
a) Melegítse elő a sütőt 160 °C-ra, és bőségesen vajazza meg és lisztezzen ki egy madeleine serpenyőt, lehetőleg tapadásmentesen, és a felesleges lisztet üsse ki belőle.
b) Egy tálban keverjük össze a tortalisztet, a sütőport, a sót, a frissen reszelt citromhéjat és a finomra vágott friss kakukkfű leveleket.
c) Egy másik tálban elektromos keverővel keverjük össze a puha vajat, a friss citromlevet és a cukrot, amíg könnyű és habos nem lesz. Egyenként hozzáadjuk a tojásokat, minden hozzáadás után jól felverve.
d) Fokozatosan adjuk hozzá a lisztes keveréket a nedves hozzávalókhoz, addig verjük, amíg össze nem áll.
e) A masszát kanalazzuk az előkészített madeleine formákba, egy spatula segítségével simítsuk el a felületeket és távolítsuk el a légzsákokat. Törölje le a felesleges tésztát a tepsi széleiről.
f) Süssük a madeleineket a sütő közepén 20-25 percig, vagy amíg a széle megbarnul, a tetejük pedig aranybarnára nem válik.
g) Ha megsült, lazítsuk meg a madeleine széleit, és tegyük át egy tepsire állított rácsra.
h) A madeleine serpenyőt megtisztítjuk, majd kivajazzuk és újra lisztezzük, hogy a maradék tésztával több madeleine-t készíthessünk.

A CITROMOS VODKA SZIRUPHOZ:
I) Amíg az első adag madeleine sül, egy kis serpenyőben forraljuk fel a vizet, a cukrot, a citrom vodkát, a friss citromlevet és a finomra vágott friss kakukkfű leveleket. Jól elkeverjük és levesszük a tűzről.
j) Miután a madeleine-ket kivettük a sütőből és még melegek, megkenjük őket forró citromos vodkasziruppal. Ismételje meg a folyamatot a maradék madeleine-nel, miközben tovább sül, a szirupot melegen tartva.
k) Élvezze ezeket az elragadó citromos kakukkfüves Madeleine-t citrom vodka szirupppal, elragadó citrusos és gyógynövényes ízeivel. Ezek a sütemények tökéletesek egy teázáshoz vagy egy kellemes desszerthez. A maradékot légmentesen záródó edényben tárolja frissességük megőrzése érdekében.

4. Narancssárga omlós Madeleines

ÖSSZETEVŐK:

- 1 csésze vaj, lágyított
- ¾ csésze átszitált porcukor
- 1 teáskanál reszelt narancshéj
- 1 teáskanál narancs kivonat
- 1 ¾ csésze Univerzális liszt
- Növényi főző spray

UTASÍTÁS:

a) Melegítse elő a sütőt 325 Fahrenheit-fokra (160 Celsius-fok), és enyhén permetezze be a madeleine formákat növényi főzőpermettel, hogy megakadályozza a ragadást.

b) Egy keverőtálban addig keverjük krémesre a puha vajat, amíg világos és habos nem lesz.

c) Fokozatosan adjuk hozzá a szitált porcukrot a vajhoz, közepes sebességgel keverjük elektromos mixerrel, amíg a keverék jól összeáll és habos lesz.

d) Adjuk hozzá a reszelt narancshéjat és a narancskivonatot a keverékhez, alaposan keverjük össze.

e) Keverje hozzá az univerzális lisztet, amíg teljesen bele nem keveredik a tésztába. A tészta kemény lesz.

f) Minden madeleine formába nyomjon körülbelül 1-½ evőkanál tésztát, egyenletesen töltse meg őket.

g) Süssük a madeleineket az előmelegített sütőben körülbelül 20 percig, vagy amíg készek és enyhén aranybarnák lesznek.

h) Ha megsült, a madeleineket rácsokra fordítjuk, hogy kihűljenek.

i) Élvezze ezeket az elragadó narancssárga omlós Madeleine-eket finom citrusos ízükkel és vajas textúrájukkal.

5. Lemon Verbena Madeleines

ÖSSZETEVŐK:
- 2 csésze szitálatlan süteményliszt
- 1 teáskanál Sütőpor
- ½ teáskanál Só
- 1 csésze sózatlan vaj, szobahőmérsékleten
- 1 ⅔ csésze kristálycukor
- 5 nagy tojás
- 1 ½ teáskanál vanília kivonat
- Citromos verbéna szirup (a recept a következő)
- Citromos verbéna szirup:
- ½ csésze víz
- ½ csésze granulált cukor
- ¼ csésze friss citromos verbénalevél, enyhén csomagolva (vagy 2 evőkanál szárított citromos verbénalevél)

UTASÍTÁS:
a) Melegítse elő a sütőt 325 Fahrenheit-fokra (160 Celsius-fok), és helyezze a rácsot a sütő közepére. Kenje meg a Madeleine tepsit puha vajjal, majd szórja meg liszttel, a felesleges lisztet kiütögetve. Félretesz, mellőz.

b) Egy tálba szitáljuk össze a tortalisztet, a sütőport és a sót. Tegye félre a száraz keveréket.

c) Egy keverőtálban, lapáttal ellátott elektromos keverővel verje fel a sótlan vajat, amíg puha és puha nem lesz.

d) Fokozatosan adjuk hozzá a kristálycukrot a vajhoz, és verjük tovább, amíg a keverék nagyon világos és krémes nem lesz.

e) Egyenként adjuk hozzá a tojásokat a keverékhez, minden hozzáadás után alaposan verjük fel. Belekeverjük a vaníliakivonatot.

f) Fokozatosan keverje hozzá a száraz lisztes keveréket a nedves tésztához, amíg minden jól össze nem áll.

g) Egy spatula segítségével kaparja a masszát az előkészített Madeleine serpenyőkbe, teljesen kiegyenlítve. A tepsi széleit papírtörlővel megtisztítjuk.

h) Süssük a Madeleine-t az előmelegített sütőben körülbelül 10-15 percig, vagy amíg a sütemények megkelnek és aranybarnák a tetejük. Helyezzen be egy tesztert a Madeleine közepébe; tisztán kell kijönnie, amikor teljesen megsültek.

i) Vegye ki a Madeleine-t a sütőből, és csúsztassa egy kést az oldalukra, hogy meglazítsa őket. Döntse ki a süteményeket egy rácsra, jobb oldalával felfelé.

j) Amíg a Madeleine még meleg, egy vékony nyárssal szúrj ki egy lyukat minden sütemény tetejére.

k) Készítse el a citromos verbéna szirupot: Egy kis serpenyőben keverje össze a vizet, a kristálycukrot és a friss citromos verbéna leveleket. Forraljuk fel a keveréket, keverjük addig, amíg a cukor fel nem oldódik. Vegyük le a serpenyőt a tűzről, és hagyjuk állni a szirupot körülbelül 10 percig. Szűrjük le a szirupot, hogy eltávolítsuk a citromos verbéna leveleket.

l) Öntsön 1 teáskanál meleg citromos verbéna szirupot minden Madeleine-re, hagyja, hogy beszívódjon, és elvarázsolja a süteményeket elragadó ízével.

m) Hagyja teljesen kihűlni a Madeleine-t, majd tárolja őket légmentesen záródó edényben.

n) Élvezze ezeket a kellemes Lemon Verbena Madeleine-eket, amelyek a citromos verbéna aromás esszenciájával vannak átitatva. Elragadó csemege teadélután vagy kávé kísérőjeként, az illatos szirup pedig még egy kis édességet és ízt ad hozzá. A maradékot légmentesen záródó edényben tárolja frissességük megőrzése érdekében.

6. Narancssárga Madeleines

ÖSSZETEVŐK:
- Étkezési olaj spray
- 1 csésze teljes kiőrlésű tésztaliszt
- 1 csésze univerzális liszt
- 2 teáskanál szódabikarbóna
- 2 csésze narancslé
- 2 teáskanál narancshéj
- 4 evőkanál sótlan vaj, szobahőmérsékleten
- 1 csésze cukor
- 3 közepes tojás, szobahőmérsékleten

UTASÍTÁS:

a) Melegítse elő a sütőt 175°C-ra, és fújjon be 60 Madeleine formát étolaj spray-vel, hogy megakadályozza a ragadást.

b) Egy közepes keverőtálban keverjük össze a teljes kiőrlésű tésztalisztet és az univerzális lisztet, majd adjuk hozzá a szódabikarbónát, és tegyük félre a száraz keveréket.

c) Egy közepes lábosban forraljuk fel a narancslevet. Ha felforrt, vegyük le az edényt a tűzről, és hagyjuk kihűlni a narancslevet.

d) Egy kis tálban összekeverjük a kihűlt narancslevet és a narancshéjat, majd ezt a keveréket félretesszük.

e) Egy nagy keverőtálban habosra keverjük a sózatlan vajat és a cukrot, amíg könnyű és bolyhos nem lesz.

f) A tojásokat egyenként verjük a vaj-cukor keverékbe, ügyelve arra, hogy minden tojás jól beledolgozzon.

g) A lisztes keveréket fokozatosan, harmadában, felváltva a narancsleves keverékkel keverjük hozzá. Kezdje és fejezze be a lisztes keverékkel.

h) Minden előkészített Madeleine formába kanalazzon 1 evőkanál tésztát, és töltse meg körülbelül kétharmadáig.

i) Süssük a Madeleine-t az előmelegített sütőben 10-15 percig, vagy amíg a szélei enyhén aranybarnák és a közepe megszilárdul.

j) Ha megsült, vegyük ki a Madeleine-t a sütőből, és hagyjuk a formákban néhány percig hűlni.

k) Óvatosan vegye ki a Madeleine-t a formákból, és tegyük rácsra, hogy teljesen kihűljenek.

l) Élvezze ezeket az elragadó narancssárga Madeleine-eket, melyeket átitat a narancslé és -héj élénk és citrusos íze. Tökéletes csemege reggelire vagy délutáni teára. A maradékot légmentesen záródó edényben tárolja frissességük megőrzése érdekében.

7. Sós karamell és citromos Madeleine

ÖSSZETEVŐK:
A SÓS KARAMELLHEZ:
- ½ csésze cukor
- 4 evőkanál sótlan vaj
- ¼ csésze dupla tejszín
- 1 teáskanál só

A Madeleines számára
- 100 gramm vaj, olvasztott
- 1 csésze cukor
- 2 tojás
- 1 teáskanál vanília kivonat
- 1 ½ csésze univerzális liszt
- 1 teáskanál sütőpor
- ½ teáskanál szódabikarbóna
- ¼ csésze natúr joghurt
- 1 citrom héja

UTASÍTÁS:
ELKÉSZÍTSÜK A SÓS KARAMELLT:
a) Egy serpenyőben olvasszuk fel a cukrot alacsony lángon. Ne keverje; finoman forgassa meg a serpenyőt, ha szükséges, hogy biztosítsa az egyenletes olvadást.
b) Amikor a cukor sötét borostyán színűvé válik, kapcsolja le a hőt.
c) Óvatosan és gyorsan adjuk hozzá a dupla tejszínt a karamellhez, miközben erőteljesen keverjük.
d) Adjuk hozzá a vajat és a sót a serpenyőbe, és folytassuk a keverést, amíg a karamell sima nem lesz. Félretesz, mellőz.
e) Melegítsük elő a sütőt 175 C-ra (350 F fokra).

KÉSZÍTSÜK EL A Madeleine-t
f) Egy kis tálban keverjük össze a szódabikarbónát és a joghurtot, majd tegyük félre.
g) Turmixgépben a tojásokat és a cukrot nagy sebességgel habosra keverjük, amíg a keverék duplájára nem nő. Adjuk hozzá a vanília kivonatot.
h) Egy külön tálban keverjük össze a lisztet és a sütőport, majd adjuk hozzá a cukros-tojásos keverékhez. Keverjük jól össze.
i) Adjuk hozzá a joghurtos keveréket és a citrom héját a tésztához, keverjük addig, amíg teljesen be nem épül.

j) Amíg a mixer alacsony sebességen jár, lassan öntsük bele az olvasztott vajat és jól keverjük össze.

k) Belekeverjük az előzőleg elkészített sós karamellt, és a masszát 30 percig a hűtőben pihentetjük.

SÜTSE A Madeleine-t

l) A Madeleine formákat kikenjük vajjal, és enyhén lisztezzük.

m) Mindegyik formába kanalazzuk a tésztát, körülbelül háromnegyed részig töltve.

n) Süssük a Madeleine-t az előmelegített sütőben körülbelül 10 percig, vagy amíg mindegyik Madeleine-en egy kis púp keletkezik, és a szélei körül aranybarnák lesznek.

o) Vegye ki a Madeleine-t a sütőből, és hagyja hűlni néhány percig a formákban, mielőtt rácsra helyezi, hogy teljesen kihűljön.

p) Élvezze ezeket az elragadó sózott karamell Madeleine-eket édes és kényeztető csemegeként! A vajas, sós karamellel átitatott Madeleine torta kombinációja csodálatos ízélményt varázsol. Tökéletes teázásra vagy bármilyen különleges alkalomra.

8. Vérnarancs és étcsokoládé Madeleine

ÖSSZETEVŐK:

- 100 g sótlan vaj, plusz a kenéshez
- 2 nagy tojás
- 100 g aranyszínű porcukor
- 2 vérnarancs héja és ½ leve (kb. 2 evőkanál)
- 100 g sima liszt, plusz plusz a porozáshoz
- 1 teáskanál sütőpor
- 140 g étcsokoládé (60-70% kakaó szárazanyag), apróra vágva
- Vérnarancsos por (opcionális – lásd lent)

UTASÍTÁS:

a) Egy kis serpenyőben, közepes lángon olvasszuk fel a vajat, amíg habzik és dióbarna színűvé nem válik. Vigyázz, nehogy megégjen. A megpirított vajat egy tálba öntjük, és félretesszük hűlni.

b) Egy nagy tálban elektromos kézi habverővel felverjük a tojást, a cukrot és a vérnarancs héját körülbelül 5 percig, amíg a keverék sűrű és sápadt nem lesz. Adjuk hozzá a vérnarancslevet és keverjük össze.

c) Egy külön tálban összekeverjük a lisztet és a sütőport, majd egyharmadával a tojásos masszához szitáljuk. Óvatosan keverjük hozzá a száraz hozzávalókat.

d) Vegyünk egy nagy kanál masszát, és keverjük simára a kihűlt, barnára sült vajhoz. Öntse vissza ezt a vajas keveréket a tésztába, és óvatosan hajtsa össze az egészet, amíg teljesen össze nem áll. Fedjük le a tálat fóliával, nyomkodjuk rá a tészta felületére, és tegyük hűtőbe egy éjszakára.

e) Kb. 30 perccel sütés előtt egy 12 lyukú madeleine formát egy kevés vajjal kikenünk, és liszttel megszórjuk. Tegye a formát a fagyasztóba 30 percre hűlni. Vegye ki a masszát a hűtőből, és tegyen körülbelül 1 púpozott evőkanál minden madeleine lyukba.

f) Melegítsd elő a sütőt 200°C/180°C ventilátor/gáz hőmérsékletre 6. Süsd a madeleineket a sütőben 10-12 percig, vagy amíg aranybarnák nem lesznek a szélein. Ha elkészült, azonnal fordítsa ki a madeleineket egy rácsra, és hagyja teljesen kihűlni.

g) Egy mikrohullámú sütőben használható tálban melegítse fel az étcsokoládét a mikrohullámú sütőben, 30 másodperces sorozatokban, amíg a csokoládé körülbelül háromnegyede el nem olvad. Vegyük ki a mikrohullámú sütőből, és keverjük erőteljesen, amíg a maradék csokoládé elolvad. Ez temperálja a csokoládét, és biztosítja, hogy szobahőmérsékleten megfelelően megszilárduljon.

h) Mindegyik madeleine-t félig mártsuk az olvasztott csokoládéba, hagyjuk a felesleget lecsepegni, majd tegyük egy sütőpapírra. Amíg a csokoládé még enyhén ragacsos, szórjuk meg vérnarancsporral, ha használjuk.

i) Tálalás előtt hagyja teljesen megdermedni a csokoládét.

9. Citrom Madeleines

ÖSSZETEVŐK:
- 2 nagy tojás
- 1/2 csésze kristálycukor
- 1 csésze univerzális liszt
- 1/2 csésze sótlan vaj, megolvasztva és lehűtve
- 2 citrom héja
- 1 evőkanál citromlé
- 1/2 teáskanál sütőpor
- 1/4 teáskanál só
- Porcukor a porozáshoz (opcionális)

UTASÍTÁS:
a) Melegítsd elő a sütőt 180°C-ra (350°F). Kivajazzuk és lisztezzük a madeleine tepsit.
b) Egy keverőedényben a tojásokat és a kristálycukrot habosra és sűrűre keverjük.
c) Egy külön tálban keverjük össze a lisztet, a sütőport és a sót.
d) A száraz hozzávalókat óvatosan a tojásos keverékhez keverjük.
e) Adjuk hozzá az olvasztott vajat, a citromhéjat és a citromlevet. Keverjük jól össze.
f) A masszát kanalazzuk az előkészített madeleine tepsibe úgy, hogy minden formát körülbelül 2/3-ig megtöltünk.
g) Süssük 10-12 percig, vagy amíg a madeleine aranybarna és púpos lesz.
h) Vegyük ki a sütőből, és hagyjuk hűlni néhány percig a tepsiben, mielőtt rácsra helyezzük.
i) Adott esetben tálalás előtt porcukorral meghintjük.

10. Grapefruit Madeleines

ÖSSZETEVŐK:
- 2 nagy tojás
- 1/2 csésze kristálycukor
- 1 csésze univerzális liszt
- 1/2 csésze sótlan vaj, megolvasztva és lehűtve
- 2 grapefruit héja
- 1 evőkanál friss grapefruitlé
- 1/2 teáskanál sütőpor
- 1/4 teáskanál só

UTASÍTÁS:
a) Melegítsd elő a sütőt 180°C-ra (350°F). Kivajazzuk és lisztezzük a madeleine tepsit.
b) Egy keverőedényben a tojásokat és a kristálycukrot habosra és sűrűre keverjük.
c) Egy külön tálban keverjük össze a lisztet, a sütőport és a sót.
d) A száraz hozzávalókat óvatosan a tojásos keverékhez keverjük.
e) Adjuk hozzá az olvasztott vajat, a grapefruit héját és a grapefruit levét. Keverjük jól össze.
f) A masszát kanalazzuk az előkészített madeleine tepsibe úgy, hogy minden formát körülbelül 2/3-ig megtöltünk.
g) Süssük 10-12 percig, vagy amíg a madeleine aranybarna és púpos lesz.
h) Vegyük ki a sütőből, és hagyjuk hűlni néhány percig a tepsiben, mielőtt rácsra helyezzük.

11. Lime Madeleines

ÖSSZETEVŐK:

- 2 nagy tojás
- 1/2 csésze kristálycukor
- 1 csésze univerzális liszt
- 1/2 csésze sótlan vaj, megolvasztva és lehűtve
- 2 lime héja
- 1 evőkanál friss limelé
- 1/2 teáskanál sütőpor
- 1/4 teáskanál só

UTASÍTÁS:

a) Melegítsd elő a sütőt 180°C-ra (350°F). Kivajazzuk és lisztezzük a madeleine tepsit.
b) Egy keverőedényben a tojásokat és a kristálycukrot habosra és sűrűre keverjük.
c) Egy külön tálban keverjük össze a lisztet, a sütőport és a sót.
d) A száraz hozzávalókat óvatosan a tojásos keverékhez keverjük.
e) Adjuk hozzá az olvasztott vajat, a lime héját és a lime levét. Keverjük jól össze.
f) A masszát kanalazzuk az előkészített madeleine tepsibe úgy, hogy minden formát körülbelül 2/3-ig megtöltünk.
g) Süssük 10-12 percig, vagy amíg a madeleine aranybarna és púpos lesz.
h) Vegyük ki a sütőből, és hagyjuk hűlni néhány percig a tepsiben, mielőtt rácsra helyezzük.

12. Tangerine Madeleines

ÖSSZETEVŐK:

- 2 nagy tojás
- 1/2 csésze kristálycukor
- 1 csésze univerzális liszt
- 1/2 csésze sótlan vaj, megolvasztva és lehűtve
- 2 mandarin héja
- 1 evőkanál friss mandarinlé
- 1/2 teáskanál sütőpor
- 1/4 teáskanál só

UTASÍTÁS:

a) Melegítsük elő a sütőt 350°F-ra (180°C). A madeleine formákat kivajazzuk és lisztezzük.
b) Egy keverőtálban a tojásokat és a kristálycukrot habosra és krémesre keverjük.
c) Egy külön tálban keverjük össze a lisztet, a sütőport és a sót.
d) A száraz hozzávalókat óvatosan a tojásos keverékhez keverjük.
e) Adjuk hozzá az olvasztott vajat, a mandarin héját és a mandarin levét. Keverjük jól össze.
f) A masszát kanalazzuk az előkészített madeleine tepsibe úgy, hogy minden formát körülbelül 2/3-ig megtöltünk.
g) Süssük 10-12 percig, vagy amíg a madeleine aranybarna és púpos lesz.
h) Hagyja néhány percig hűlni a serpenyőben, mielőtt rácsra helyezi őket.

13. Vérnarancsos Madeleines

ÖSSZETEVŐK:

- 2 nagy tojás
- 1/2 csésze kristálycukor
- 1 csésze univerzális liszt
- 1/2 csésze sótlan vaj, megolvasztva és lehűtve
- 2 vérnarancs héja
- 1 evőkanál friss vérnarancslé
- 1/2 teáskanál sütőpor
- 1/4 teáskanál só

UTASÍTÁS:

a) Melegítsd elő a sütőt 180°C-ra (350°F). Kivajazzuk és lisztezzük a madeleine tepsit.
b) Egy keverőedényben a tojásokat és a kristálycukrot habosra és sűrűre keverjük.
c) Egy külön tálban keverjük össze a lisztet, a sütőport és a sót.
d) A száraz hozzávalókat óvatosan a tojásos keverékhez keverjük.
e) Adjuk hozzá az olvasztott vajat, a vérnarancs héját és a vérnarancslevet. Keverjük jól össze.
f) A masszát kanalazzuk az előkészített madeleine tepsibe úgy, hogy minden formát körülbelül 2/3-ig megtöltünk.
g) Süssük 10-12 percig, vagy amíg a madeleine aranybarna és púpos lesz.
h) Vegyük ki a sütőből, és hagyjuk hűlni néhány percig a tepsiben, mielőtt rácsra helyezzük.

14. Clementine Madeleines

ÖSSZETEVŐK:

- 2 nagy tojás
- 1/2 csésze kristálycukor
- 1 csésze univerzális liszt
- 1/2 csésze sótlan vaj, megolvasztva és lehűtve
- 2 klementin héja
- 1 evőkanál friss klementinlé
- 1/2 teáskanál sütőpor
- 1/4 teáskanál só

UTASÍTÁS:

a) Melegítsd elő a sütőt 180°C-ra (350°F). Kivajazzuk és lisztezzük a madeleine tepsit.
b) Egy keverőedényben a tojásokat és a kristálycukrot habosra és sűrűre keverjük.
c) Egy külön tálban keverjük össze a lisztet, a sütőport és a sót.
d) A száraz hozzávalókat óvatosan a tojásos keverékhez keverjük.
e) Adjuk hozzá az olvasztott vajat, a klementin héját és a klementin levét. Keverjük jól össze.
f) A masszát kanalazzuk az előkészített madeleine tepsibe úgy, hogy minden formát körülbelül 2/3-ig megtöltünk.
g) Süssük 10-12 percig, vagy amíg a madeleine aranybarna és púpos lesz.
h) Vegyük ki a sütőből, és hagyjuk hűlni néhány percig a tepsiben, mielőtt rácsra helyezzük.

15. Bergamott Madeleines

ÖSSZETEVŐK:

- 2 nagy tojás
- 1/2 csésze kristálycukor
- 1 csésze univerzális liszt
- 1/2 csésze sótlan vaj, megolvasztva és lehűtve
- 2 bergamott héja
- 1 evőkanál friss bergamottlé
- 1/2 teáskanál sütőpor
- 1/4 teáskanál só

UTASÍTÁS:

a) Melegítsük elő a sütőt 350°F-ra (180°C). A madeleine formákat kivajazzuk és lisztezzük.
b) Egy keverőtálban a tojásokat és a kristálycukrot habosra és krémesre keverjük.
c) Egy külön tálban keverjük össze a lisztet, a sütőport és a sót.
d) A száraz hozzávalókat óvatosan a tojásos keverékhez keverjük.
e) Adjuk hozzá az olvasztott vajat, a bergamott héját és a bergamott levét. Keverjük jól össze.
f) A masszát kanalazzuk az előkészített madeleine tepsibe úgy, hogy minden formát körülbelül 2/3-ig megtöltünk.
g) Süssük 10-12 percig, vagy amíg a madeleine aranybarna és púpos lesz.
h) Hagyja néhány percig hűlni a serpenyőben, mielőtt rácsra helyezi őket.

16. Grapefruit és mákos Madeleines

ÖSSZETEVŐK:

- 2 nagy tojás
- 1/2 csésze kristálycukor
- 1 csésze univerzális liszt
- 1/2 csésze sótlan vaj, megolvasztva és lehűtve
- 1 grapefruit héja
- 2 evőkanál friss grapefruitlé
- 1/2 teáskanál sütőpor
- 1/4 teáskanál só
- 1 evőkanál mák

UTASÍTÁS:

a) Melegítsd elő a sütőt 180°C-ra (350°F). Kivajazzuk és lisztezzük a madeleine tepsit.
b) Egy keverőedényben a tojásokat és a kristálycukrot habosra és sűrűre keverjük.
c) Egy külön tálban keverjük össze a lisztet, a sütőport, a sót és a mákot.
d) A száraz hozzávalókat óvatosan a tojásos keverékhez keverjük.
e) Adjuk hozzá az olvasztott vajat, a grapefruit héját és a grapefruit levét. Keverjük jól össze.
f) A masszát kanalazzuk az előkészített madeleine tepsibe úgy, hogy minden formát körülbelül 2/3-ig megtöltünk.
g) Süssük 10-12 percig, vagy amíg a madeleine aranybarna és púpos lesz.
h) Vegyük ki a sütőből, és hagyjuk hűlni néhány percig a tepsiben, mielőtt rácsra helyezzük.

17. Key Lime Madeleines

ÖSSZETEVŐK:

- 2 nagy tojás
- 1/2 csésze kristálycukor
- 1 csésze univerzális liszt
- 1/2 csésze sótlan vaj, megolvasztva és lehűtve
- 2 kulcsos lime héja
- 2 evőkanál friss limelé
- 1/2 teáskanál sütőpor
- 1/4 teáskanál só

UTASÍTÁS:

a) Melegítsük elő a sütőt 350°F-ra (180°C). A madeleine formákat kivajazzuk és lisztezzük.
b) Egy keverőtálban a tojásokat és a kristálycukrot habosra és krémesre keverjük.
c) Egy külön tálban keverjük össze a lisztet, a sütőport és a sót.
d) A száraz hozzávalókat óvatosan a tojásos keverékhez keverjük.
e) Adjuk hozzá az olvasztott vajat, a lime héját és a lime levét. Keverjük jól össze.
f) A masszát kanalazzuk az előkészített madeleine tepsibe úgy, hogy minden formát körülbelül 2/3-ig megtöltünk.
g) Süssük 10-12 percig, vagy amíg a madeleine aranybarna és púpos lesz.
h) Hagyja néhány percig hűlni a serpenyőben, mielőtt rácsra helyezi őket.

18. Calamondin Madeleines

ÖSSZETEVŐK:

- 2 nagy tojás
- 1/2 csésze kristálycukor
- 1 csésze univerzális liszt
- 1/2 csésze sótlan vaj, megolvasztva és lehűtve
- 2 calamondin héja
- 1 evőkanál friss kalamondinlé
- 1/2 teáskanál sütőpor
- 1/4 teáskanál só

UTASÍTÁS:

a) Melegítsd elő a sütőt 180°C-ra (350°F). Kivajazzuk és lisztezzük a madeleine tepsit.
b) Egy keverőedényben a tojásokat és a kristálycukrot habosra és sűrűre keverjük.
c) Egy külön tálban keverjük össze a lisztet, a sütőport és a sót.
d) A száraz hozzávalókat óvatosan a tojásos keverékhez keverjük.
e) Adjuk hozzá az olvasztott vajat, a calamondin héját és a calamondin levét. Keverjük jól össze.
f) A masszát kanalazzuk az előkészített madeleine tepsibe úgy, hogy minden formát körülbelül 2/3-ig megtöltünk.
g) Süssük 10-12 percig, vagy amíg a madeleine aranybarna és púpos lesz.
h) Vegyük ki a sütőből, és hagyjuk hűlni néhány percig a tepsiben, mielőtt rácsra helyezzük.

19. Kumquat Madeleines

ÖSSZETEVŐK:

- 2 nagy tojás
- 1/2 csésze kristálycukor
- 1 csésze univerzális liszt
- 1/2 csésze sótlan vaj, megolvasztva és lehűtve
- 2 kumquat héja
- 2 evőkanál friss kumquatlé
- 1/2 teáskanál sütőpor
- 1/4 teáskanál só

UTASÍTÁS:

a) Melegítsd elő a sütőt 180°C-ra (350°F). Kivajazzuk és lisztezzük a madeleine tepsit.
b) Egy keverőedényben a tojásokat és a kristálycukrot habosra és sűrűre keverjük.
c) Egy külön tálban keverjük össze a lisztet, a sütőport és a sót.
d) A száraz hozzávalókat óvatosan a tojásos keverékhez keverjük.
e) Adjuk hozzá az olvasztott vajat, a kumquat héját és a kumquat levét. Keverjük jól össze.
f) A masszát kanalazzuk az előkészített madeleine tepsibe úgy, hogy minden formát körülbelül 2/3-ig megtöltünk.
g) Süssük 10-12 percig, vagy amíg a madeleine aranybarna és púpos lesz.
h) Vegyük ki a sütőből, és hagyjuk hűlni néhány percig a tepsiben, mielőtt rácsra helyezzük.

20. Citrom és levendula Madeleines

ÖSSZETEVŐK:

- 2 nagy tojás
- 1/2 csésze kristálycukor
- 1 csésze univerzális liszt
- 1/2 csésze sótlan vaj, megolvasztva és lehűtve
- 2 citrom héja
- 1 evőkanál citromlé
- 1/2 teáskanál szárított levendula bimbó (kulináris minőségű)
- 1/2 teáskanál sütőpor
- 1/4 teáskanál só

UTASÍTÁS:

a) Melegítsük elő a sütőt 350°F-ra (180°C). A madeleine formákat kivajazzuk és lisztezzük.
b) Egy keverőtálban a tojásokat és a kristálycukrot habosra és krémesre keverjük.
c) Egy külön tálban keverjük össze a lisztet, a sütőport, a sót és a szárított levendula bimbókat.
d) A száraz hozzávalókat óvatosan a tojásos keverékhez keverjük.
e) Adjuk hozzá az olvasztott vajat, a citromhéjat és a citromlevet. Keverjük jól össze.
f) A masszát kanalazzuk az előkészített madeleine tepsibe úgy, hogy minden formát körülbelül 2/3-ig megtöltünk.
g) Süssük 10-12 percig, vagy amíg a madeleine aranybarna és púpos lesz.
h) Hagyja néhány percig hűlni a serpenyőben, mielőtt rácsra helyezi őket.

21. Bergamot és Gróf szürkeMadeleines

ÖSSZETEVŐK:

- 2 nagy tojás
- 1/2 csésze kristálycukor
- 1 csésze univerzális liszt
- 1/2 csésze sótlan vaj, megolvasztva és lehűtve
- 2 bergamott héja
- 1 evőkanál friss bergamottlé
- 1 Gróf szürketeászacskó (tartalma eltávolítva)
- 1/2 teáskanál sütőpor
- 1/4 teáskanál só

UTASÍTÁS:

a) Melegítsd elő a sütőt 180°C-ra (350°F). Kivajazzuk és lisztezzük a madeleine tepsit.
b) Egy keverőedényben a tojásokat és a kristálycukrot habosra és sűrűre keverjük.
c) Nyissa ki az Gróf szürketeászacskót, és egy külön tálban keverje össze a teadélutánleveleket a liszttel, a sütőporral és a sóval.
d) A száraz hozzávalókat óvatosan a tojásos keverékhez keverjük.
e) Adjuk hozzá az olvasztott vajat, a bergamott héját és a bergamott levét. Keverjük jól össze.
f) A masszát kanalazzuk az előkészített madeleine tepsibe úgy, hogy minden formát körülbelül 2/3-ig megtöltünk.
g) Süssük 10-12 percig, vagy amíg a madeleine aranybarna és púpos lesz.
h) Vegyük ki a sütőből, és hagyjuk hűlni néhány percig a tepsiben, mielőtt rácsra helyezzük.

GYÜMÖLCSÖS MADELEINEK

22. Málna és lime Madeleines

ÖSSZETEVŐK:

- 150 g sótlan vaj megolvasztva és kissé lehűtve, plusz a kenéshez
- 125 g univerzális liszt, szitálva, plusz a porozáshoz
- 2 nagy tojás
- 150 g porcukor
- 1 teáskanál vanília kivonat
- 1 teáskanál finomra reszelt lime héj, plusz a tálaláshoz
- 1 csipet só
- 140 g málna
- Porcukor a porozáshoz

UTASÍTÁS:

a) Melegítsük elő a sütőt 190°C-ra (légkeveréses 170°-ra) 5. Kenjünk ki két 12 lyukú Madeleine formát kevés vajjal. Enyhén meghintjük liszttel, kiborítjuk a felesleget.

b) Elektromos habverővel keverje össze a tojásokat és a cukrot egy nagy keverőtálban 2-3 perc alatt, amíg sápadt és sűrű nem lesz.

c) Hozzáadjuk a vaníliakivonatot, a lime héját és a sót, alaposan felverjük, hogy elkeveredjen.

d) Hozzákeverjük az átszitált lisztet, majd fokozatosan hozzákeverjük az olvasztott, lehűtött vajat, amíg teljesen el nem keveredik és a tészta sima lesz.

e) Körülbelül 1 evőkanálnyi tésztát kanalazunk a formák minden lyukába.

f) A tésztát málnával meghintjük.

g) Körülbelül 15 perc alatt aranybarnára és puffadásra sütjük.

h) Távolítsa el a formákat a rácsokra hűlni 5 percig.

i) Óvatosan kiborítjuk a formákból a málnás Madeleine-t, és tálalás előtt porcukorral és némi lime héjjal díszítjük. Élvezd!

23. Banán Madeleines

ÖSSZETEVŐK:

- 3 szuper érett banán
- ½ csésze kókuszolaj
- 1 csésze fehér cukor
- 1 nagy tojás
- 2 csésze univerzális liszt
- ½ teáskanál só
- 1 teáskanál szódabikarbóna
- ½ teáskanál vanília kivonat
- ½ teáskanál őrölt fahéj

UTASÍTÁS:

a) Melegítsük elő a sütőt 350 °F-ra (175 °C). Egy madeleine formát kikenünk kókuszolajjal.

b) Egy keverőtálban a szuperérett banánt villával simára törjük.

c) Egy külön tálban keverje össze a kókuszolajat, a fehér cukrot, a vaníliakivonatot és a tojást, amíg jól össze nem áll és krémes lesz.

d) Adjuk hozzá a pépesített banánt a nedves hozzávalókhoz, és keverjük össze.

e) Egy másik tálban keverje össze az univerzális lisztet, a sót, a szódabikarbónát és az őrölt fahéjat.

f) Fokozatosan adjuk hozzá a száraz lisztes keveréket a nedves banánkeverékhez, és addig keverjük, amíg a tészta teljesen sima és csomók nem maradnak.

g) A masszát kanalazzuk a kivajazott madeleine serpenyő minden formájába úgy, hogy mindegyik formát körülbelül háromnegyed részig megtöltjük.

h) Süssük a banán madeleine-t az előmelegített sütőben körülbelül 10 percig, vagy amíg a madeleine közepébe szúrt fogpiszkáló tisztán ki nem jön. Minden madeleine-nek egy kis púpnak kell lennie a közepétől.

i) Vegye ki a madeleineket a sütőből, és hagyja néhány percig a tepsiben hűlni. Ezután óvatosan vegye ki őket a formákból, és tegyük rácsra, hogy teljesen kihűljenek.

j) Élvezze a finom és nedves Banana Madeleines-t, mint egy elragadó csemegét reggelire, uzsonnára, vagy bármikor, amikor egy banán ízű pékárura vágyik egy csipetnyi fahéjjal. Ezek az apróságok biztosan örömet okoznak majd ízlelőbimbóidnak!

24. Citrom és áfonyás Madeleines

ÖSSZETEVŐK:

- 115 g sózott vaj
- 130 g univerzális liszt
- ½ teáskanál sütőpor
- 3 nagy tojás, szobahőmérsékleten
- 120 g finom cukor
- 1 teáskanál tiszta vanília kivonat
- 1 teáskanál frissen reszelt citromhéj
- ½ csésze áfonya

UTASÍTÁS:

a) Olvasszuk fel a vajat a mikrohullámú sütőben, és tegyük félre.

b) Egy kis tálba szitáljuk a lisztet és a sütőport, majd tegyük félre.

c) Turmixgép segítségével nagy sebességgel verjük fel a tojást és a cukrot, amíg sűrű és halvány nem lesz.

d) Belekeverjük a vaníliakivonatot és a citromhéjat.

e) Adjuk hozzá a liszt körülbelül egyharmadát a felvert tojáshoz, és egy gumilapát segítségével óvatosan forgassuk bele.

f) Belekeverjük a maradék liszt felét, majd beleforgatjuk a többit is. Ügyeljen arra, hogy ne keverje túl, mert kiengedheti a tésztát.

g) Fokozatosan beleforgatjuk az olvasztott vajat.

h) Ha időnk engedi, fedjük le és tegyük hűtőbe legalább 3 órára, vagy lehetőleg egy éjszakára. Ha nem, akkor hűtés nélkül is süthetjük.

i) Melegítsd elő a sütőt 190°C-ra (375°F).

j) Két Madeleine serpenyő formáját alaposan kikenjük vajjal.

k) Hűtőbe tesszük az edényeket, amíg a vaj megkeményedik (kb. 10 perc).

l) Cseppentsünk egy bő evőkanál tésztát minden előkészített forma közepébe.

m) Mindegyik Madeleine tetejére tegyen egy pár áfonyát.

n) Süssük a Madeleine-t körülbelül 10-15 percig, vagy amíg a szélei aranybarnák nem lesznek.

o) A Madeleine-t kivesszük a formákból, és rácson hagyjuk kihűlni.

p) Élvezze ezeket az elragadó citromos és áfonyás Madeleine-eket, amelyek tökéletes csemege teázáshoz vagy desszerthez!

25. nápolyi Madeleines

ÖSSZETEVŐK:
A NÁPOLI Madeleines számára
- 4 nagy tojás, szobahőmérsékleten
- 1 csésze kristálycukor
- 1 teáskanál tiszta vanília kivonat
- 2 csésze univerzális liszt
- 2 teáskanál sütőpor
- 1 teáskanál finom tengeri só
- 1 csésze sózatlan vaj, szobahőmérsékleten
- 2 evőkanál cukrozatlan sötét kakaópor
- ¼ csésze - ½ csésze fagyasztva szárított bogyós gyümölcsök (eper vagy vegyes bogyók)

MÉZES MÁZHOZ:
- ¼ csésze méz
- 1-2 evőkanál víz

UTASÍTÁS:
a) Egy mozsár és mozsártörő, kávédaráló vagy keverőedény segítségével törje össze a fagyasztva szárított bogyókat, amíg finom por nem lesz. Egy tálba szitáljuk, és félretesszük, kb. 3 evőkanál eperport célozva meg. Szitáljuk át a kakaóport egy másik kis keverőtálba, és tegyük félre.

b) Egy keverőtálba szitáljuk össze a lisztet, a sütőport és a sót, majd keverjük össze.

c) Helyezze a tojásokat egy habverővel felszerelt álló mixer táljába. Közepes-nagy sebességgel felverjük, fokozatosan hozzáadva a cukrot, amíg az összes cukor el nem keveredik. Forgassa magasra a mixert, és addig keverje, amíg a tojás térfogata megduplázódik, ami 3-5 percig is eltarthat.

d) Vegyük le a tálat a mixerről, és kézzel keverjük hozzá a vaníliát, majd az átszitált lisztet, a sütőport és a sót. Osszuk el egyenletesen a tésztát 3 külön tálba. Adja hozzá az átszitált eperport egy tálba, és keverje addig, amíg a szín teljesen el nem keveredik. Adja hozzá a kakaóport egy másik tál tésztához, és keverje addig, amíg a szín teljesen el nem keveredik. A harmadik tálat sima vaníliaként hagyjuk.

e) Fedjük le a tálakat, és hagyjuk a tésztát legalább 30 percig, de legfeljebb egy óráig pihenni.

f) Közben egy kis serpenyőben közepes lángon olvasszuk fel a vajat. Tartson ¼ csésze (4 evőkanál) olvasztott vajból az edények kefélésehez, a többit pedig hagyja hűlni 20-30 percig.

g) A ¼ csésze (4 evőkanál) olvasztott vajat mind a 3 tésztához simára keverjük. Fedjük le a tésztát, és hagyjuk pihenni további 30 percig vagy legfeljebb egy óráig.

h) Melegítsd elő a sütőt 200°C-ra (400°F).

i) Tegye az egyes tésztákat külön cipzáras zacskókba, és vágjon mindegyikre egy kis sarokhegyet, hogy finoman kinyomja a tésztát egy sima szalag formájában.

j) A madeleine formákat megkenjük a maradék olvasztott vajjal. Töltsük meg a formák minden mélyedését háromnegyed részig tésztával, vízszintesen rétegezve mind a 3 ízt mindegyik héjba. Érintse meg néhányszor a serpenyőt a pulton, hogy egyenletesen ossza el a tésztát.

k) 8-10 percig süssük a Madeleine-t, amíg a szélei aranybarnák nem kezdenek, a közepe pedig fel nem duzzad. Amikor a közepébe szúrt fogpiszkáló tisztán kijön, a Madeleine kész. Vegyük ki a sütőből, hagyjuk hűlni körülbelül 3 percig, majd borítsuk ki őket egy hűtőrácsra.

l) Egy kis tálban keverjünk fel ¼ csésze mézet 1-2 evőkanál vízzel, hogy vizezett mézes mázat kapjunk.

m) Ha a Madeleine kissé kihűlt, cukros ecsettel finoman kenje meg őket a mézes mázzal.

n) Hagyja megdermedni a mázat, majd tálalja ezeket a csodálatos nápolyi Madeleine-eket teával vagy egy üveg roséval.

o) Élvezze az ízek és színek tárházát ezekben az elbűvölő nápolyi Madeleine-ekben, amelyek tökéletesek bármilyen különleges alkalomra vagy egy kellemes délutáni csemegére.

26. Lekvár és kókuszos Madeleines

ÖSSZETEVŐK:
Madeleines
- 100 g vaj, durvára vágva
- 1 tojás
- 1 teáskanál vanília kivonat
- ¼ csésze porcukor
- ¼ csésze finomra szárított kókuszdió
- ½ csésze sima liszt
- ½ teáskanál sütőpor
- 100 g eper lekvár

RÓZSASZÍN MÁBOR:
- 2 csésze porcukor, átszitálva
- 1 evőkanál tej
- 3 csepp piros ételfesték
- 2 teáskanál vaníliarúd kivonat

KÓKUSZmorzsa:
- ½ csésze finomra szárított kókusz
- ½ csésze malt-o-tej keksz, összetörve
- 50 g fehér csokoládé (elhagyható)

UTASÍTÁS:

a) Melegítsük elő a sütőt 180°C-ra (légkeveréses 160°C). Enyhén kivajazunk egy 12 lyukú madeleine formát, és enyhén szórjuk meg sima liszttel. A felesleges lisztet kirázzuk.

b) Olvasszuk fel a 100 g vajat egy kis serpenyőben közepes lángon 2-3 percig, amíg kissé megpirul. Az olvasztott vajat lehűtjük.

c) Egy keverőtálban a tojást, a vaníliakivonatot, a porcukrot és a szárított kókuszt 3 perc alatt habosra és krémesre keverjük.

d) A sima lisztet és a sütőport szitáljuk össze. A lisztes keveréket óvatosan a tojásos keverékhez keverjük. Adjuk hozzá az olvasztott vajat, és keverjük össze.

e) A masszát kanalazzuk a madeleine formákba, mindegyiket csak félig töltjük meg. Dobj ¼ teáskanál eperlekvárt minden madeleine közepére, majd fedd le még egy kis tésztával.

f) Süssük 9 percig, vagy amíg a madeleine enyhén aranybarna és puha nem lesz. Hagyja őket állni 2 percig a formában, majd fordítsa rácsra, hogy teljesen kihűljenek.

g) A rózsaszín cukormáz elkészítéséhez egy közepes tálban keverjük össze az átszitált porcukrot, a tejet, a piros ételfestéket és a vaníliarúd kivonatot. Addig keverjük, amíg enyhén sűrű paszta nem lesz, majd tegyük félre.

h) A kókuszreszelékhez konyhai robotgép segítségével a malt-o-milk kekszeket morzsává verjük. Adjuk hozzá a szárított kókuszt (és opcionális fehér csokoládét), és pirítsuk további 20 másodpercig.

i) Csorgassunk rózsaszín cukormázzal minden madeleine tetejére, és szórjuk meg a kókuszreszeléket az egyik oldalukra vagy az egész tetejére, attól függően, hogy jobban ropogtatjuk.

j) Élvezze ezeket a szép és ízletes lekváros és kókuszos Madeleine-t, mint teázásra vagy bármilyen különleges alkalomra elragadó csemegét!

27. Eper Madeleines

ÖSSZETEVŐK:
- 2 nagy tojás
- 1/2 csésze kristálycukor
- 1 csésze univerzális liszt
- 1/2 csésze sótlan vaj, megolvasztva és lehűtve
- 1/2 csésze friss eper, pürésítve
- 1/2 teáskanál sütőpor
- 1/4 teáskanál só

UTASÍTÁS:
a) Melegítsd elő a sütőt 180°C-ra (350°F). Kivajazzuk és lisztezzük a madeleine tepsit.
b) Egy keverőedényben a tojásokat és a kristálycukrot habosra és sűrűre keverjük.
c) Egy külön tálban keverjük össze a lisztet, a sütőport és a sót.
d) A száraz hozzávalókat óvatosan a tojásos keverékhez keverjük.
e) Adjuk hozzá az olvasztott vajat és az eperpürét. Keverjük jól össze.
f) A masszát kanalazzuk az előkészített madeleine tepsibe úgy, hogy minden formát körülbelül 2/3-ig megtöltünk.
g) Süssük 10-12 percig, vagy amíg a madeleine aranybarna és púpos lesz.
h) Vegyük ki a sütőből, és hagyjuk hűlni néhány percig a tepsiben, mielőtt rácsra helyezzük.

28. Áfonya Madeleines

ÖSSZETEVŐK:

- 2 nagy tojás
- 1/2 csésze kristálycukor
- 1 csésze univerzális liszt
- 1/2 csésze sótlan vaj, megolvasztva és lehűtve
- 1/2 csésze friss áfonya
- 1/2 teáskanál sütőpor
- 1/4 teáskanál só

UTASÍTÁS:

a) Melegítsük elő a sütőt 350°F-ra (180°C). A madeleine formákat kivajazzuk és lisztezzük.
b) Egy keverőtálban a tojásokat és a kristálycukrot habosra és krémesre keverjük.
c) Egy külön tálban keverjük össze a lisztet, a sütőport és a sót.
d) A száraz hozzávalókat óvatosan a tojásos keverékhez keverjük.
e) Adjuk hozzá az olvasztott vajat, és óvatosan forgassuk bele a friss áfonyát.
f) A masszát kanalazzuk az előkészített madeleine tepsibe úgy, hogy minden formát körülbelül 2/3-ig megtöltünk.
g) Süssük 10-12 percig, vagy amíg a madeleine aranybarna és púpos lesz.
h) Hagyja néhány percig hűlni a serpenyőben, mielőtt rácsra helyezi őket.

29. Ananász Madeleines

ÖSSZETEVŐK:

- 2 nagy tojás
- 1/2 csésze kristálycukor
- 1 csésze univerzális liszt
- 1/2 csésze sótlan vaj, megolvasztva és lehűtve
- 1/2 csésze zúzott ananász (konzerv vagy friss)
- 1/2 teáskanál sütőpor
- 1/4 teáskanál só

UTASÍTÁS:

a) Melegítsd elő a sütőt 180°C-ra (350°F). Kivajazzuk és lisztezzük a madeleine tepsit.

b) Egy keverőedényben a tojásokat és a kristálycukrot habosra és sűrűre keverjük.

c) Egy külön tálban keverjük össze a lisztet, a sütőport és a sót.

d) A száraz hozzávalókat óvatosan a tojásos keverékhez keverjük.

e) Adjuk hozzá az olvasztott vajat és a tört ananászt. Keverjük jól össze.

f) A masszát kanalazzuk az előkészített madeleine tepsibe úgy, hogy minden formát körülbelül 2/3-ig megtöltünk.

g) Süssük 10-12 percig, vagy amíg a madeleine aranybarna és púpos lesz.

h) Vegyük ki a sütőből, és hagyjuk hűlni néhány percig a tepsiben, mielőtt rácsra helyezzük.

30. Mango Madeleines

ÖSSZETEVŐK:

- 2 nagy tojás
- 1/2 csésze kristálycukor
- 1 csésze univerzális liszt
- 1/2 csésze sótlan vaj, megolvasztva és lehűtve
- 1/2 csésze érett mangópüré
- 1/2 teáskanál sütőpor
- 1/4 teáskanál só

UTASÍTÁS:

a) Melegítsük elő a sütőt 350°F-ra (180°C). A madeleine formákat kivajazzuk és lisztezzük.
b) Egy keverőtálban a tojásokat és a kristálycukrot habosra és krémesre keverjük.
c) Egy külön tálban keverjük össze a lisztet, a sütőport és a sót.
d) A száraz hozzávalókat óvatosan a tojásos keverékhez keverjük.
e) Adjuk hozzá az olvasztott vajat és a mangópürét. Keverjük jól össze.
f) A masszát kanalazzuk az előkészített madeleine tepsibe úgy, hogy minden formát körülbelül 2/3-ig megtöltünk.
g) Süssük 10-12 percig, vagy amíg a madeleine aranybarna és púpos lesz.
h) Hagyja néhány percig hűlni a serpenyőben, mielőtt rácsra helyezi őket.

31. Földi szeder Madeleines

ÖSSZETEVŐK:

- 2 nagy tojás
- 1/2 csésze kristálycukor
- 1 csésze univerzális liszt
- 1/2 csésze sótlan vaj, megolvasztva és lehűtve
- 1/2 csésze friss szeder
- 1/2 teáskanál sütőpor
- 1/4 teáskanál só

UTASÍTÁS:

a) Melegítsd elő a sütőt 180°C-ra (350°F). Kivajazzuk és lisztezzük a madeleine tepsit.
b) Egy keverőedényben a tojásokat és a kristálycukrot habosra és sűrűre keverjük.
c) Egy külön tálban keverjük össze a lisztet, a sütőport és a sót.
d) A száraz hozzávalókat óvatosan a tojásos keverékhez keverjük.
e) Adjuk hozzá az olvasztott vajat, és óvatosan forgassuk bele a friss szedret.
f) A masszát kanalazzuk az előkészített madeleine tepsibe úgy, hogy minden formát körülbelül 2/3-ig megtöltünk.
g) Süssük 10-12 percig, vagy amíg a madeleine aranybarna és púpos lesz.
h) Vegyük ki a sütőből, és hagyjuk hűlni néhány percig a tepsiben, mielőtt rácsra helyezzük.

32. Cseresznye Madeleines

ÖSSZETEVŐK:

- 2 nagy tojás
- 1/2 csésze kristálycukor
- 1 csésze univerzális liszt
- 1/2 csésze sótlan vaj, megolvasztva és lehűtve
- 1/2 csésze friss vagy fagyasztott cseresznye, kimagozva és apróra vágva
- 1/2 teáskanál sütőpor
- 1/4 teáskanál só

UTASÍTÁS:

a) Melegítsd elő a sütőt 180°C-ra (350°F). Kivajazzuk és lisztezzük a madeleine tepsit.
b) Egy keverőedényben a tojásokat és a kristálycukrot habosra és sűrűre keverjük.
c) Egy külön tálban keverjük össze a lisztet, a sütőport és a sót.
d) A száraz hozzávalókat óvatosan a tojásos keverékhez keverjük.
e) Adjuk hozzá az olvasztott vajat és az apróra vágott meggyet. Keverjük jól össze.
f) A masszát kanalazzuk az előkészített madeleine tepsibe úgy, hogy minden formát körülbelül 2/3-ig megtöltünk.
g) Süssük 10-12 percig, vagy amíg a madeleine aranybarna és púpos lesz.
h) Vegyük ki a sütőből, és hagyjuk hűlni néhány percig a tepsiben, mielőtt rácsra helyezzük.

33. Barack Madeleines

ÖSSZETEVŐK:

- 2 nagy tojás
- 1/2 csésze kristálycukor
- 1 csésze univerzális liszt
- 1/2 csésze sótlan vaj, megolvasztva és lehűtve
- 1/2 csésze friss vagy konzerv barackpüré
- 1/2 teáskanál sütőpor
- 1/4 teáskanál só

UTASÍTÁS:

a) Melegítsük elő a sütőt 350°F-ra (180°C). A madeleine formákat kivajazzuk és lisztezzük.
b) Egy keverőtálban a tojásokat és a kristálycukrot habosra és krémesre keverjük.
c) Egy külön tálban keverjük össze a lisztet, a sütőport és a sót.
d) A száraz hozzávalókat óvatosan a tojásos keverékhez keverjük.
e) Adjuk hozzá az olvasztott vajat és a barackpürét. Keverjük jól össze.
f) A masszát kanalazzuk az előkészített madeleine tepsibe úgy, hogy minden formát körülbelül 2/3-ig megtöltünk.
g) Süssük 10-12 percig, vagy amíg a madeleine aranybarna és púpos lesz.
h) Hagyja néhány percig hűlni a serpenyőben, mielőtt rácsra helyezi őket.

34. Sárgabarack Madeleines

ÖSSZETEVŐK:

- 2 nagy tojás
- 1/2 csésze kristálycukor
- 1 csésze univerzális liszt
- 1/2 csésze sótlan vaj, megolvasztva és lehűtve
- 1/2 csésze friss vagy konzerv sárgabarackpüré
- 1/2 teáskanál sütőpor
- 1/4 teáskanál só

UTASÍTÁS:

a) Melegítsd elő a sütőt 180°C-ra (350°F). Kivajazzuk és lisztezzük a madeleine tepsit.
b) Egy keverőedényben a tojásokat és a kristálycukrot habosra és sűrűre keverjük.
c) Egy külön tálban keverjük össze a lisztet, a sütőport és a sót.
d) A száraz hozzávalókat óvatosan a tojásos keverékhez keverjük.
e) Adjuk hozzá az olvasztott vajat és a sárgabarackpürét. Keverjük jól össze.
f) A masszát kanalazzuk az előkészített madeleine tepsibe úgy, hogy minden formát körülbelül 2/3-ig megtöltünk.
g) Süssük 10-12 percig, vagy amíg a madeleine aranybarna és púpos lesz.
h) Vegyük ki a sütőből, és hagyjuk hűlni néhány percig a tepsiben, mielőtt rácsra helyezzük.

35. Almás fahéjas Madeleines

ÖSSZETEVŐK:

- 2 nagy tojás
- 1/2 csésze kristálycukor
- 1 csésze univerzális liszt
- 1/2 csésze sótlan vaj, megolvasztva és lehűtve
- 1/2 csésze apróra vágott alma (pl. Granny Smith)
- 1/2 teáskanál őrölt fahéj
- 1/2 teáskanál sütőpor
- 1/4 teáskanál só

UTASÍTÁS:

a) Melegítsd elő a sütőt 180°C-ra (350°F). Kivajazzuk és lisztezzük a madeleine tepsit.
b) Egy keverőedényben a tojásokat és a kristálycukrot habosra és sűrűre keverjük.
c) Egy külön tálban keverjük össze a lisztet, a sütőport, a sót és az őrölt fahéjat.
d) A száraz hozzávalókat óvatosan a tojásos keverékhez keverjük.
e) Hozzáadjuk az olvasztott vajat és az apróra vágott almát. Keverjük jól össze.
f) A masszát kanalazzuk az előkészített madeleine tepsibe úgy, hogy minden formát körülbelül 2/3-ig megtöltünk.
g) Süssük 10-12 percig, vagy amíg a madeleine aranybarna és púpos lesz.
h) Vegyük ki a sütőből, és hagyjuk hűlni néhány percig a tepsiben, mielőtt rácsra helyezzük.

36. Vegyes bogyós Madeleines

ÖSSZETEVŐK:

- 2 nagy tojás
- 1/2 csésze kristálycukor
- 1 csésze univerzális liszt
- 1/2 csésze sótlan vaj, megolvasztva és lehűtve
- 1/2 csésze vegyes bogyós gyümölcsök (pl. eper, áfonya, málna), apróra vágva
- 1/2 teáskanál sütőpor
- 1/4 teáskanál só

UTASÍTÁS:

a) Melegítsük elő a sütőt 350°F-ra (180°C). A madeleine formákat kivajazzuk és lisztezzük.
b) Egy keverőtálban a tojásokat és a kristálycukrot habosra és krémesre keverjük.
c) Egy külön tálban keverjük össze a lisztet, a sütőport és a sót.
d) A száraz hozzávalókat óvatosan a tojásos keverékhez keverjük.
e) Adjuk hozzá az olvasztott vajat és a finomra vágott vegyes bogyókat. Keverjük jól össze.
f) A masszát kanalazzuk az előkészített madeleine tepsibe úgy, hogy minden formát körülbelül 2/3-ig megtöltünk.
g) Süssük 10-12 percig, vagy amíg a madeleine aranybarna és púpos lesz.
h) Hagyja néhány percig hűlni a serpenyőben, mielőtt rácsra helyezi őket.

37. Banán diós Madeleines

ÖSSZETEVŐK:

- 2 nagy tojás
- 1/2 csésze kristálycukor
- 1 csésze univerzális liszt
- 1/2 csésze sótlan vaj, megolvasztva és lehűtve
- 1/2 csésze érett banán, pépesítve
- 1/4 csésze apróra vágott dió
- 1/2 teáskanál sütőpor
- 1/4 teáskanál só

UTASÍTÁS:

a) Melegítsd elő a sütőt 180°C-ra (350°F). Kivajazzuk és lisztezzük a madeleine tepsit.
b) Egy keverőedényben a tojásokat és a kristálycukrot habosra és sűrűre keverjük.
c) Egy külön tálban keverjük össze a lisztet, a sütőport, a sót és a darált diót.
d) A száraz hozzávalókat óvatosan a tojásos keverékhez keverjük.
e) Adjuk hozzá az olvasztott vajat és a pépesített banánt. Keverjük jól össze.
f) A masszát kanalazzuk az előkészített madeleine tepsibe úgy, hogy minden formát körülbelül 2/3-ig megtöltünk.
g) Süssük 10-12 percig, vagy amíg a madeleine aranybarna és púpos lesz.
h) Vegyük ki a sütőből, és hagyjuk hűlni néhány percig a tepsiben, mielőtt rácsra helyezzük.

38. Szilva Madeleines

ÖSSZETEVŐK:

- 2 nagy tojás
- 1/2 csésze kristálycukor
- 1 csésze univerzális liszt
- 1/2 csésze sótlan vaj, megolvasztva és lehűtve
- 1/2 csésze érett szilvapüré
- 1/2 teáskanál sütőpor
- 1/4 teáskanál só

UTASÍTÁS:

a) Melegítsd elő a sütőt 180°C-ra (350°F). Kivajazzuk és lisztezzük a madeleine tepsit.
b) Egy keverőedényben a tojásokat és a kristálycukrot habosra és sűrűre keverjük.
c) Egy külön tálban keverjük össze a lisztet, a sütőport és a sót.
d) A száraz hozzávalókat óvatosan a tojásos keverékhez keverjük.
e) Adjuk hozzá az olvasztott vajat és a szilvapürét. Keverjük jól össze.
f) A masszát kanalazzuk az előkészített madeleine tepsibe úgy, hogy minden formát körülbelül 2/3-ig megtöltünk.
g) Süssük 10-12 percig, vagy amíg a madeleine aranybarna és púpos lesz.
h) Vegyük ki a sütőből, és hagyjuk hűlni néhány percig a tepsiben, mielőtt rácsra helyezzük.

39. Papaya Madeleines

ÖSSZETEVŐK:

- 2 nagy tojás
- 1/2 csésze kristálycukor
- 1 csésze univerzális liszt
- 1/2 csésze sótlan vaj, megolvasztva és lehűtve
- 1/2 csésze friss papaya püré
- 1/2 teáskanál sütőpor
- 1/4 teáskanál só

UTASÍTÁS:

a) Melegítsük elő a sütőt 350°F-ra (180°C). A madeleine formákat kivajazzuk és lisztezzük.
b) Egy keverőtálban a tojásokat és a kristálycukrot habosra és krémesre keverjük.
c) Egy külön tálban keverjük össze a lisztet, a sütőport és a sót.
d) A száraz hozzávalókat óvatosan a tojásos keverékhez keverjük.
e) Adjuk hozzá az olvasztott vajat és a papayapürét. Keverjük jól össze.
f) A masszát kanalazzuk az előkészített madeleine tepsibe úgy, hogy minden formát körülbelül 2/3-ig megtöltünk.
g) Süssük 10-12 percig, vagy amíg a madeleine aranybarna és púpos lesz.
h) Hagyja néhány percig hűlni a serpenyőben, mielőtt rácsra helyezi őket.

40. Görögdinnye Madeleines

ÖSSZETEVŐK:

- 2 nagy tojás
- 1/2 csésze kristálycukor
- 1 csésze univerzális liszt
- 1/2 csésze sótlan vaj, megolvasztva és lehűtve
- 1/2 csésze friss görögdinnye püré
- 1/2 teáskanál sütőpor
- 1/4 teáskanál só

UTASÍTÁS:

a) Melegítsd elő a sütőt 180°C-ra (350°F). Kivajazzuk és lisztezzük a madeleine tepsit.
b) Egy keverőedényben a tojásokat és a kristálycukrot habosra és sűrűre keverjük.
c) Egy külön tálban keverjük össze a lisztet, a sütőport és a sót.
d) A száraz hozzávalókat óvatosan a tojásos keverékhez keverjük.
e) Adjuk hozzá az olvasztott vajat és a görögdinnyepürét. Keverjük jól össze.
f) A masszát kanalazzuk az előkészített madeleine tepsibe úgy, hogy minden formát körülbelül 2/3-ig megtöltünk.
g) Süssük 10-12 percig, vagy amíg a madeleine aranybarna és púpos lesz.
h) Vegyük ki a sütőből, és hagyjuk hűlni néhány percig a tepsiben, mielőtt rácsra helyezzük.

41. Passion Fruit Madeleines

ÖSSZETEVŐK:

- 2 nagy tojás
- 1/2 csésze kristálycukor
- 1 csésze univerzális liszt
- 1/2 csésze sótlan vaj, megolvasztva és lehűtve
- 2 érett maracuja pép és magja
- 1/2 teáskanál sütőpor
- 1/4 teáskanál só

UTASÍTÁS:

a) Melegítsd elő a sütőt 180°C-ra (350°F). Kivajazzuk és lisztezzük a madeleine tepsit.
b) Egy keverőedényben a tojásokat és a kristálycukrot habosra és sűrűre keverjük.
c) Egy külön tálban keverjük össze a lisztet, a sütőport és a sót.
d) A száraz hozzávalókat óvatosan a tojásos keverékhez keverjük.
e) Adjuk hozzá az olvasztott vajat és a maracuja pépet és magjait. Keverjük jól össze.
f) A masszát kanalazzuk az előkészített madeleine tepsibe úgy, hogy minden formát körülbelül 2/3-ig megtöltünk.
g) Süssük 10-12 percig, vagy amíg a madeleine aranybarna és púpos lesz.
h) Vegyük ki a sütőből, és hagyjuk hűlni néhány percig a tepsiben, mielőtt rácsra helyezzük.

42. Guava Madeleines

ÖSSZETEVŐK:

- 2 nagy tojás
- 1/2 csésze kristálycukor
- 1 csésze univerzális liszt
- 1/2 csésze sótlan vaj, megolvasztva és lehűtve
- 1/2 csésze guava püré (érett guavából)
- 1/2 teáskanál sütőpor
- 1/4 teáskanál só

UTASÍTÁS:

a) Melegítsük elő a sütőt 350°F-ra (180°C). A madeleine formákat kivajazzuk és lisztezzük.
b) Egy keverőtálban a tojásokat és a kristálycukrot habosra és krémesre keverjük.
c) Egy külön tálban keverjük össze a lisztet, a sütőport és a sót.
d) A száraz hozzávalókat óvatosan a tojásos keverékhez keverjük.
e) Adjuk hozzá az olvasztott vajat és a guava pürét. Keverjük jól össze.
f) A masszát kanalazzuk az előkészített madeleine tepsibe úgy, hogy minden formát körülbelül 2/3-ig megtöltünk.
g) Süssük 10-12 percig, vagy amíg a madeleine aranybarna és púpos lesz.
h) Hagyja néhány percig hűlni a serpenyőben, mielőtt rácsra helyezi őket.

43. Kiwi Madeleines

ÖSSZETEVŐK:

- 2 nagy tojás
- 1/2 csésze kristálycukor
- 1 csésze univerzális liszt
- 1/2 csésze sótlan vaj, megolvasztva és lehűtve
- 2 érett kivi, meghámozva és pépesítve
- 1/2 teáskanál sütőpor
- 1/4 teáskanál só

UTASÍTÁS:

a) Melegítsd elő a sütőt 180°C-ra (350°F). Kivajazzuk és lisztezzük a madeleine tepsit.
b) Egy keverőedényben a tojásokat és a kristálycukrot habosra és sűrűre keverjük.
c) Egy külön tálban keverjük össze a lisztet, a sütőport és a sót.
d) A száraz hozzávalókat óvatosan a tojásos keverékhez keverjük.
e) Adjuk hozzá az olvasztott vajat és a pépesített kivit. Keverjük jól össze.
f) A masszát kanalazzuk az előkészített madeleine tepsibe úgy, hogy minden formát körülbelül 2/3-ig megtöltünk.
g) Süssük 10-12 percig, vagy amíg a madeleine aranybarna és púpos lesz.
h) Vegyük ki a sütőből, és hagyjuk hűlni néhány percig a tepsiben, mielőtt rácsra helyezzük.

44. Madeleine Eper Charlotte torta

ÖSSZETEVŐK:

A MADELEINEKHEZ (Kb. 20 DARAB):
- 1 teáskanál olvasztott vaj a madeleine tálcához
- 3 és fél uncia (100 g) vaj, megolvasztva és kissé lehűtve
- 3½ uncia (100 g) univerzális liszt
- 2 nagy tojás
- 3½ uncia (100 g) porcukor
- 1 citrom leve és héja
- ¾ teáskanál sütőpor

A SZIRUPHOZ:
- ½ csésze (100 g) aranyszínű porcukor
- ⅓ csésze + 1 evőkanál (100 ml) víz
- 2 evőkanál rum vagy más likőr (elhagyható)

AZ EPERHABHOZ:
- 2 csésze (300 g) eper, megmosva
- ½ csésze (100 g) porcukor
- 4 tojássárgája
- 5 zselatin levél
- 1 ¼ csésze (300 ml) tejszínhab
- 1 vaníliarúd

DÍSZÍTÉSRE:
- 250 g vegyes friss bogyós gyümölcsök (eper és málna)

UTASÍTÁS:

A Madeleines számára

a) Melegítsd elő a sütőt 200°C-ra (400°F). Kenje meg a madeleine tálcát olvasztott vajjal vagy főzőspray-vel, majd szórja be liszttel, hogy bevonja, ütögesse ki a felesleget.

b) A tojásokat és a cukrot egy tálban habosra keverjük. Enyhén keverjük hozzá a többi hozzávalót. Hagyja állni 20 percig, mielőtt óvatosan az előkészített madeleine tálcába tölti.

c) 8-10 percig sütjük, amíg a madeleine-k a közepén kicsit megemelkednek és teljesen átsülnek. Tegyük át a madeleine-t egy rácsra, és hagyjuk kicsit kihűlni.

A SZIRUPHOZ:

d) Egy kis serpenyőben keverjük össze a cukrot és a vizet. Forraljuk fel, és forraljuk 2 percig. Adjuk hozzá a rumot, és pároljuk még egy percig. Hagyd hülni.

AZ EPERHABHOZ:

e) Távolítsa el a szárát az eperről. Az epret egy serpenyőben a cukor felével felforrósítjuk, kevergetve pürét készítünk.

f) A forró eperpürét finom szitán nyomjuk át, hogy eltávolítsuk a magokat, majd tegyük félre a pürét.

g) A zselatinleveleket egy tiszta edényben hideg vízzel leöntjük. Egy másik tálban a tojássárgáját habosra keverjük a maradék porcukorral. A forró eperpürét a sárgája-cukros keverékre öntjük, és folyamatosan keverjük.

h) Tegyük át egy serpenyőbe, és melegítsük folyamatos keverés közben, amíg a püré besűrűsödik és bevonja a kanál hátát.

i) A zselatinleveleket leszűrjük, kinyomkodjuk, majd a forró eperpüréhez adjuk. Keverjük össze és tegyük félre hűlni.

j) Elektromos kézi habverővel verjük kemény habbá a tejszínt, félidőben adjuk hozzá a vaníliarúd magjait.

k) Amikor az eperpüré kihűlt, két adagban hozzákeverjük a tejszínhabot, hogy sima és krémes habot kapjunk.

A CHARLOTTE ÉPÍTÉSÉHEZ:

l) Béleljünk ki sütőpapírral egy 9 hüvelykes (22 cm) kivehető aljú rugós formát.

m) A madeleineket hosszában félbevágjuk, és a formát ívelt oldalukkal a forma falához béleljük. A maradék madeleine feleket egyenként nedvesítse be a szirupba, és azonnal fedje le velük a rugós forma alját.

n) Egy merőkanál segítségével óvatosan fedjük be a madeleincket az eperhab felével.

o) Adjunk hozzá egy utolsó réteget a szirupba megnedvesített madeleine-ből, és fedjük le a maradék habbal, hagyjunk egy kis helyet a tetején (az oldalsó madeleine-nek magasabbnak kell lennie, mint a mousse). Ha maradt hab, öntsük egy-két ramekinbe.

p) A tortát hűtőbe tesszük dermedni legalább 3 órára. Amikor megsült, óvatosan vegye ki a tortát a rugós formából, és helyezze egy tányérra vagy tortaállványra. Vegyes nyári gyümölcsökkel díszítjük.

q) Élvezze ezt az elbűvölő Madeleine Eper Charlotte tortát, egy francia klasszikust olyan csavarral, amely biztosan lenyűgözi vendégeit, és kielégíti édességvágyát!

DIÓS MADELEINEK

45. Mandula Madeleines

ÖSSZETEVŐK:

- 2 tojás, szétválasztva
- ⅔ csésze cukor
- 3 uncia édes vaj, lágyított (nem olvasztott)
- 2 evőkanál pirított mandulaolaj
- 1 csésze univerzális liszt, szitálva
- 1 teáskanál Sütőpor
- ½ csésze őrölt pirított mandula

UTASÍTÁS:

a) Melegítse elő a sütőt 400 Fahrenheit-fokra (200 Celsius-fokra). Vaj és liszt Madeleine formák, hogy ne tapadjanak össze.

b) Egy keverőtálban keverjük össze a lágy édes vajat a pirított mandulaolajjal.

c) Egy külön tálban keverjük jól össze a tojássárgáját és a cukrot. Ezután keverjük hozzá a vaj és a mandulaolaj keverékét.

d) Egy másik tálban keverjük össze a sütőport az átszitált univerzális liszttel, majd fokozatosan adjuk hozzá a nedves hozzávalókhoz, addig keverjük, amíg sima tészta nem lesz.

e) Egy külön tiszta tálban verjük kemény habbá a tojásfehérjét. A felvert tojásfehérjét óvatosan beleforgatjuk a masszába.

f) Végül a tésztához adjuk az őrölt pirított mandulát, és egyenletes eloszlásig keverjük.

g) Egy kanál segítségével töltsön meg minden Madeleine formát egy tisztességes kanál tésztával, és töltse meg mindegyik formát körülbelül félig.

h) Süssük a Madeleine-t előmelegített sütőben 10-15 percig, vagy amíg aranybarnák nem lesznek.

i) Ha megsült, vegye ki a Madeleine-t a sütőből, és hagyja kissé kihűlni a formákban, mielőtt rácsra helyezi, hogy teljesen kihűljön.

j) Élvezze ezeket az elragadó mandula Madeleine-eket, mint egy finom csemegét bármilyen alkalomra!

46. Mogyorós Madeleine süti

ÖSSZETEVŐK:
- ½ csésze egész filbert (mogyoró), pirítva
- 1 ¼ csésze cukrászcukor, plusz még több a serpenyő leporolásához
- ¼ font sótlan vaj, plusz még több a serpenyő kikenéséhez
- 5 evőkanál univerzális liszt, plusz még több a serpenyő leporolásához
- 1 csipet só
- 4 nagy tojásfehérje
- ¼ teáskanál tiszta vanília kivonat

UTASÍTÁS:
a) Melegítse elő a sütőt 325 Fahrenheit-fokra (160 Celsius-fok).
b) Egy kis serpenyőben olvasszuk fel a sózatlan vajat közepes lángon, amíg világos borostyánsárgává nem válik, így finom barnás vajat kapunk.
c) Kenje meg a madeleine serpenyőt egy kevés olvasztott vajjal, és enyhén szórja meg liszttel, biztosítva az egyenletes bevonatot, hogy megakadályozza a ragadást.
d) Helyezze a pirított mogyorót és 1 evőkanál cukrászati cukrot egy acélpengéjű robotgép táljába. Addig dolgozzuk fel a keveréket, amíg a mogyoró finomra nem darál, és liszthez nem hasonlít.
e) Egy közepes tálban keverje össze a mogyoróliszt keveréket 1 csésze plusz 3 evőkanál cukrászati cukorral, univerzális liszttel és egy csipet sóval.
f) Adjuk hozzá a tojásfehérjét és a tiszta vaníliakivonatot a száraz hozzávalókhoz, és keverjük jól össze az egészet.
g) Öntsük az olvasztott barna vajat a keverékhez, és folytassuk a habverést, amíg a vaj teljesen el nem keveredik.
h) Egy evőkanál segítségével egyenletesen töltsük meg a madeleine formákat, körülbelül háromnegyed részig.
i) Helyezze a megtöltött madeleine serpenyőt az előmelegített sütőbe, és süsse 14-18 percig, vagy amíg a keksz aranybarna és szilárd tapintású lesz.
j) Sütés után 2 percig hagyjuk a tepsiben hűlni a sütiket, majd óvatosan vegyük ki a formákból és tegyük rácsra, hogy teljesen kihűljenek, bordázott oldalukkal felfelé.
k) Miután kihűlt, szórja meg a Madeleine sütiket cukrászcukorral, hogy még egy kis édességet és látványt nyújtson.
l) Élvezze ezeket az elragadó Madeleine sütiket diós mogyoró ízével és gyengéd textúrájával. Tökéletes kísérője lehet a délutáni teának vagy kávénak. A maradékot légmentesen záródó edényben tárolja frissességük megőrzése érdekében.

47. Barna vaj és mandula Madeleines

ÖSSZETEVŐK:
- 110 g vaj
- 2 nagy tojás
- 90 g porcukor
- 1 teáskanál vanília esszencia
- ½ teáskanál fahéj
- 80 g tortaliszt
- 10 g őrölt mandula
- 1 teáskanál sütőpor
- ½ teáskanál só
- 1 evőkanál méz

UTASÍTÁS:

a) Kezdje a vaj barnításával. A vajat egy serpenyőbe tesszük, és közepes lángon felolvasztjuk. Addig főzzük, amíg a vaj felhabosodik és gazdag aranybarnára nem válik, diós és karamell aromát árasztva. Vegyük le a tűzről és szűrjük le, dobjuk ki a szilárd anyagokat. A mézet keverjük a barna vajhoz, és tegyük félre kicsit hűlni.

b) Egy tálban elektromos habverővel verje fel a tojást, a cukrot és a vaníliaesszenciát nagy sebességgel sűrűre és halványra. A tésztának szalagszerű nyomot kell hagynia, amikor leesik a habverőről (eléri a szalag állapotát).

c) A tortalisztet, a sütőport, az őrölt mandulát, a fahéjat és a sót egy másik tálba szitáljuk. A száraz hozzávalókat kézzel óvatosan a tojás-cukros keverékhez keverjük.

d) Óvatosan keverje hozzá a barnára sült vajat és a mézet, amíg el nem keveredik.

e) Fedjük le a tálat ragasztófóliával, és tegyük hűtőbe legalább két órára, ideális esetben egy éjszakára. Ez a pihenő lépés döntő fontosságú a madeleines jellegzetes púpjának eléréséhez.

f) Melegítse elő a sütőt 190 Celsius-fokra (375 Fahrenheit-fokra). Kenje meg a madeleine formákat olvasztott vajjal, majd szórja be liszttel, bevonva az egész formát. Csavarja ki a felesleges lisztet.

g) A masszát kanalazzuk a madeleine formákba, az oldaluk kétharmadáig töltve őket.

h) Körülbelül 10 percig sütjük, vagy amíg a madeleine-k a széle körül barnulni kezdenek, és a közepén enyhén megütögetve visszanyúlnak.

i) A formából kivetve élvezheti a madeleine-t úgy, ahogy van, vagy adj hozzá egy ecset mézet vagy márts bele egy csokoládéba az extra kényeztetés érdekében.

j) Ezek a barna vaj- és mandula-madeleine-ek elragadó csemege, ötvözik a klasszikus francia bájt a barna vaj és az őrölt mandula gazdag, diós ízével. Élvezze őket egy csésze teadélután vagy kávé mellett, és tapasztalja meg ezeknek a finom és finom süteményeknek (vagy süteményeknek!) az örömét.

48. Diós Madeleines

ÖSSZETEVŐK:

- 2 nagy tojás
- 1/2 csésze kristálycukor
- 1 csésze univerzális liszt
- 1/2 csésze sótlan vaj, megolvasztva és lehűtve
- 1/4 csésze finomra vágott dió
- 1/2 teáskanál vanília kivonat
- 1/2 teáskanál sütőpor
- 1/4 teáskanál só

UTASÍTÁS:

a) Melegítsd elő a sütőt 180°C-ra (350°F). Kivajazzuk és lisztezzük a madeleine tepsit.
b) Egy keverőedényben a tojásokat és a kristálycukrot habosra és sűrűre keverjük.
c) Egy külön tálban keverjük össze a lisztet, a darált diót, a sütőport, a sót és a vaníliakivonatot.
d) A száraz hozzávalókat óvatosan a tojásos keverékhez keverjük.
e) Adjuk hozzá az olvasztott vajat és keverjük jól össze.
f) A masszát kanalazzuk az előkészített madeleine tepsibe úgy, hogy minden formát körülbelül 2/3-ig megtöltünk.
g) Süssük 10-12 percig, vagy amíg a madeleine aranybarna és púpos lesz.
h) Vegyük ki a sütőből, és hagyjuk hűlni néhány percig a tepsiben, mielőtt rácsra helyezzük.

49. Pisztácia Madeleines

ÖSSZETEVŐK:

- 2 nagy tojás
- 1/2 csésze kristálycukor
- 1 csésze univerzális liszt
- 1/2 csésze sótlan vaj, megolvasztva és lehűtve
- 1/4 csésze finomra őrölt pisztácia
- 1/2 teáskanál mandula kivonat
- 1/2 teáskanál sütőpor
- 1/4 teáskanál só

UTASÍTÁS:

a) Melegítsd elő a sütőt 180°C-ra (350°F). Kivajazzuk és lisztezzük a madeleine tepsit.
b) Egy keverőedényben a tojásokat és a kristálycukrot habosra és sűrűre keverjük.
c) Egy külön tálban keverjük össze a lisztet, az őrölt pisztáciát, a sütőport, a sót és a mandulakivonatot.
d) A száraz hozzávalókat óvatosan a tojásos keverékhez keverjük.
e) Adjuk hozzá az olvasztott vajat és keverjük jól össze.
f) A masszát kanalazzuk az előkészített madeleine tepsibe úgy, hogy minden formát körülbelül 2/3-ig megtöltünk.
g) Süssük 10-12 percig, vagy amíg a madeleine aranybarna és púpos lesz.
h) Vegyük ki a sütőből, és hagyjuk hűlni néhány percig a tepsiben, mielőtt rácsra helyezzük.

50. Pekándió és juhar Madeleines

ÖSSZETEVŐK:

- 100 g pekándió
- 100 g sótlan vaj
- 5 csepp juhar kivonat
- 100 g porcukor
- 2 tojás
- 100 g sima liszt, átszitálva
- ½ teáskanál sütőpor

DÍSZÍTÉSRE:

- 100g 54%-os étcsokoládé apróra törve
- 50 g fehér csokoládé apróra törve

UTASÍTÁS:

a) Melegítse elő a sütőt 190°C/170°C ventilátor/375°F/gáz 5. Helyezze a kivajazott madeleine formát a fagyasztóba.
b) Helyezze a pekándiót egy kis tepsire, és süsse 5 percig, amíg meg nem pirul.
c) Hagyjuk kihűlni, majd a felét tegyük félre a díszítéshez, a maradék pekándiót pedig apróra vágjuk. (Tartsd bekapcsolva a sütőt.)
d) Olvasszuk fel a vajat egy serpenyőben nagy lángon, amíg el nem kezd barnulni. Vegyük le a serpenyőt a tűzről, és öntsük a vajat egy hőálló kancsóba. Adjuk hozzá a juharkivonatot, majd hagyjuk kihűlni.
e) Helyezze a cukrot és a tojást a habverővel felszerelt álló mixer táljába. Habverővel forraljuk teljes sebességgel 4-5 percig, amíg a keverék annyira be nem sűrűsödik, hogy a habverő felemelésekor szalagnyomot hagyjon.
f) Szitáljuk össze a lisztet és a sütőport, majd óvatosan borítsuk le a tál oldalára a felvert tojásos keverékkel. (Ezt célszerű közvetlenül a tojásba szitálni, mert leeresztheti a keveréket.)
g) A kihűlt olvasztott vajat ugyanígy öntsük le a tál másik oldalára. Ezután keverje hozzá a lisztet és a vajat, amíg sima, könnyű tésztát nem kap. Óvatosan hajtsa bele a felaprított pekándiót, amíg egyenletesen el nem oszlik, és hagyja a tésztát 20 percig pihenni.
h) Vegye ki a madeleine formát a fagyasztóból. Egy-egy evőkanál tésztát a formában lévő formákba kanalazunk (csak a tészta felét használjuk fel). Süssük a madeleineket 8-10 percig, amíg a szélei

kezdenek barnulni. Azonnal vegyük ki a madeleineket a formából, és tegyük rácsra, bordázott oldalukkal felfelé kihűlni.
i) A madeleine formát kimossuk, és újra kikenjük vajjal. Tedd a fagyasztóba 10 percre. Ismételje meg a sütési folyamatot a maradék tésztával.
j) A díszítéshez olvasszuk fel az étcsokoládét egy edényben, amelyet enyhén forrásban lévő víz fölé állítottak, és időnként keverjük meg, amíg sima nem lesz.
k) Olvasszuk fel a fehér csokoládét egy serpenyőben, enyhén forrásban lévő víz fölé állított tálban, időnként keverjük meg, amíg sima nem lesz. Az olvasztott fehér csokoládét kanalazzuk a sima fúvókával ellátott csőzsákba.
l) Öntse az étcsokoládét egy espresso csészébe vagy ramekinbe, majd mártsa bele minden madeleine négyzet alakú végét a csokoládéba, hogy bevonja a szivacs egyharmadát. Menet közben tegye vissza mindegyik madeleine-t a rácsra.
m) A fehér csokoládét 3 sorban húzzuk az étcsokoládéra. Koktélpálca segítségével húzza a vonalakat először az egyik, majd a másik irányba, hogy tollmintát hozzon létre.
n) A maradék 50 g pirított pekándiót durvára vágjuk, és minden madeleine négyzet alakú végére szórjuk.
o) Tálalás előtt hűtőbe tesszük 5 percre, hogy a díszítés megdermedjen.

51. Makadámdió Madeleines

ÖSSZETEVŐK:

- 2 nagy tojás
- 1/2 csésze kristálycukor
- 1 csésze univerzális liszt
- 1/2 csésze sótlan vaj, megolvasztva és lehűtve
- 1/4 csésze apróra vágott makadámdió
- 1/2 teáskanál mandula kivonat
- 1/2 teáskanál sütőpor
- 1/4 teáskanál só

UTASÍTÁS:

a) Melegítsd elő a sütőt 180°C-ra (350°F). Kivajazzuk és lisztezzük a madeleine tepsit.
b) Egy keverőedényben a tojásokat és a kristálycukrot habosra és sűrűre keverjük.
c) Egy külön tálban keverjük össze a lisztet, az apróra vágott makadámdiót, a sütőport, a sót és a mandulakivonatot.
d) A száraz hozzávalókat óvatosan a tojásos keverékhez keverjük.
e) Adjuk hozzá az olvasztott vajat és keverjük jól össze.
f) A masszát kanalazzuk az előkészített madeleine tepsibe úgy, hogy minden formát körülbelül 2/3-ig megtöltünk.
g) Süssük 10-12 percig, vagy amíg a madeleine aranybarna és púpos lesz.
h) Vegyük ki a sütőből, és hagyjuk hűlni néhány percig a tepsiben, mielőtt rácsra helyezzük.

52. Kesudió Madeleines

ÖSSZETEVŐK:

- 2 nagy tojás
- 1/2 csésze kristálycukor
- 1 csésze univerzális liszt
- 1/2 csésze sótlan vaj, megolvasztva és lehűtve
- 1/4 csésze apróra vágott kesudió
- 1/2 teáskanál vanília kivonat
- 1/2 teáskanál sütőpor
- 1/4 teáskanál só

UTASÍTÁS:

a) Melegítsd elő a sütőt 180°C-ra (350°F). Kivajazzuk és lisztezzük a madeleine tepsit.
b) Egy keverőedényben a tojásokat és a kristálycukrot habosra és sűrűre keverjük.
c) Egy külön tálban keverjük össze a lisztet, a felaprított kesudiót, a sütőport, a sót és a vaníliakivonatot.
d) A száraz hozzávalókat óvatosan a tojásos keverékhez keverjük.
e) Adjuk hozzá az olvasztott vajat és keverjük jól össze.
f) A masszát kanalazzuk az előkészített madeleine tepsibe úgy, hogy minden formát körülbelül 2/3-ig megtöltünk.
g) Süssük 10-12 percig, vagy amíg a madeleine aranybarna és púpos lesz.
h) Vegyük ki a sütőből, és hagyjuk hűlni néhány percig a tepsiben, mielőtt rácsra helyezzük.

53. Diós és mézes Madeleines

ÖSSZETEVŐK:

- 2 nagy tojás
- 1/2 csésze kristálycukor
- 1 csésze univerzális liszt
- 1/2 csésze sótlan vaj, megolvasztva és lehűtve
- 1/4 csésze finomra vágott dió
- 2 evőkanál méz
- 1/2 teáskanál vanília kivonat
- 1/2 teáskanál sütőpor
- 1/4 teáskanál só

UTASÍTÁS:

a) Melegítsük elő a sütőt 350°F-ra (180°C). A madeleine formákat kivajazzuk és lisztezzük.
b) Egy keverőtálban a tojásokat és a kristálycukrot habosra és krémesre keverjük.
c) Egy külön tálban keverjük össze a lisztet, a darált diót, a sütőport, a sót, a mézet és a vaníliakivonatot.
d) A száraz hozzávalókat óvatosan a tojásos keverékhez keverjük.
e) Adjuk hozzá az olvasztott vajat és keverjük jól össze.
f) A masszát kanalazzuk az előkészített madeleine tepsibe úgy, hogy minden formát körülbelül 2/3-ig megtöltünk.
g) Süssük 10-12 percig, vagy amíg a madeleine aranybarna és púpos lesz.
h) Hagyja néhány percig hűlni a serpenyőben, mielőtt rácsra helyezi őket.

54. Mogyoróvajas csokoládé chips Madeleines

ÖSSZETEVŐK:

- 2 nagy tojás
- 1/2 csésze kristálycukor
- 1 csésze univerzális liszt
- 1/2 csésze sótlan vaj, megolvasztva és lehűtve
- 1/4 csésze krémes mogyoróvaj
- 1/4 csésze csokoládé chips
- 1/2 teáskanál sütőpor
- 1/4 teáskanál só

UTASÍTÁS:

a) Melegítsd elő a sütőt 180°C-ra (350°F). Kivajazzuk és lisztezzük a madeleine tepsit.
b) Egy keverőedényben a tojásokat és a kristálycukrot habosra és sűrűre keverjük.
c) Egy külön tálban keverjük össze a lisztet, a sütőport és a sót.
d) A száraz hozzávalókat óvatosan a tojásos keverékhez keverjük.
e) Adjuk hozzá az olvasztott vajat és a mogyoróvajat. Keverjük jól össze.
f) A masszába keverjük a csokireszeléket.
g) A masszát kanalazzuk az előkészített madeleine tepsibe úgy, hogy minden formát körülbelül 2/3-ig megtöltünk.
h) Süssük 10-12 percig, vagy amíg a madeleine aranybarna és púpos lesz.
i) Vegyük ki a sütőből, és hagyjuk hűlni néhány percig a tepsiben, mielőtt rácsra helyezzük.

KUKORICA MADELEINES

55. Kék kukorica Madeleines

ÖSSZETEVŐK:

- 1 csésze univerzális liszt
- 1 csésze kékkukorica liszt
- ¼ csésze cukor
- 1 evőkanál sütőpor
- ½ teáskanál szódabikarbóna
- 1 teáskanál Só
- 1 tojás
- ¼ csésze olvasztott vaj, lehűtve
- 1 ½ csésze író

UTASÍTÁS:

a) Melegítsük elő a sütőt 375 Fahrenheit fokra (190 Celsius fok). Kenje ki a madeleine formákat pékspray-vel, vagy kenje meg puha vajjal. Ha nincs elég madeleine formánk, akkor jó, ha két adagban sütjük, vagy használjunk hagyományos muffin formákat.

b) Egy keverőtálban szitáljuk össze az univerzális lisztet, a kék kukoricalisztet, a cukrot, a sütőport, a szódabikarbónát és a sót.

c) Egy külön tálban felverjük a tojást, majd hozzáadjuk a kihűlt, olvasztott vajat és az írót. Jól keverjük össze, amíg össze nem áll.

d) Öntsük a nedves hozzávalókat a száraz hozzávalókra, és addig turmixoljuk, amíg nem maradnak száraz foltok, de kerüljük a túlkeverést. Néhány csomó elfogadható.

e) Minden madeleine formát vagy muffinsütőt háromnegyed részig töltsünk meg a tésztával.

f) Előmelegített sütőben körülbelül 12-15 percig sütjük, vagy amíg a közepébe szúrt fogpiszkáló tisztán ki nem jön.

g) Ha megsült, vegye ki a madeleineket a sütőből, és hagyja hűlni néhány percig a formákban, mielőtt rácsra helyezi, hogy teljesen kihűljön.

h) Élvezze ezeket az elragadó Kék kukoricaMadeleine-eket, amelyek bemutatják a kékkukorica liszt csodálatos ízeit és sokoldalúságát! Akár madeleine-ként, akár hagyományos muffinként kóstolod, biztosan tetszeni fognak.

56. Cukorka kukorica csíkos Madeleines

ÖSSZETEVŐK:

- 2 nagy tojás
- ½ csésze kristálycukor
- 1 teáskanál vanília kivonat
- ½ teáskanál mandula kivonat (opcionális)
- 1 csésze univerzális liszt
- ½ teáskanál sütőpor
- Csipet só
- Sárga és narancssárga ételfesték (zselé vagy folyékony)
- 8 evőkanál (1 rúd) sótlan vaj, megolvasztva és lehűtve
- Cukorka kukorica cukorka, díszítéshez (opcionális)

UTASÍTÁS:

a) Egy keverőtálban a tojásokat és a cukrot jól keverjük össze. Keverje hozzá a vanília kivonatot és a mandula kivonatot (ha használ).

b) Egy külön tálban keverjük össze a lisztet, a sütőport és a csipet sót.

c) Fokozatosan adjuk hozzá a száraz hozzávalókat a nedves hozzávalókhoz, és addig keverjük, amíg össze nem áll.

d) Osszuk el egyenletesen a tésztát két külön tálba.

e) Egy tálba adjunk néhány csepp sárga ételfestéket, és keverjük addig, amíg a tészta élénksárga színűvé nem válik.

f) A másik tálba cseppentsünk néhány csepp narancssárga ételfestéket, és addig keverjük, amíg a tészta élénk narancssárga színűvé nem válik.

g) Fedjük le minden edényt műanyag fóliával, és tegyük hűtőszekrénybe legalább 30 percre, hogy megszilárduljanak.

h) Melegítsd elő a sütőt 190°C-ra (375°F). Egy madeleine tepsit kivajazunk és lisztezzünk.

i) Vegyünk egy teáskanál sárga tésztát, és dobjuk be minden madeleine forma közepébe. Ezután vegyen egy teáskanál narancssárga tésztát, és cseppentse rá a sárga tésztára, így kéttónusú hatást kelt.

j) Süssük a madeleine-t 10-12 percig, vagy amíg a szélei aranybarnák nem lesznek, és a közepe enyhén megnyomva visszaugrik.

k) Vegye ki a madeleineket a sütőből, és hagyja hűlni néhány percig a serpenyőben, mielőtt rácsra helyezi, hogy teljesen kihűljön.

l) Az opcionális befejezés érdekében helyezzen egy darab cukorka kukoricát minden madeleine tetejére, amíg még meleg és enyhén puha.

57. Kukoricakenyér Madeleines

ÖSSZETEVŐK:
- 1 csésze sárga kukoricadara, sütőben megpirítva
- ½ csésze univerzális liszt
- 1 teáskanál Sütőpor
- ½ teáskanál szódabikarbóna
- ¾ teáskanál só
- 4 evőkanál cukor
- 1 csésze író
- 1 tojás, felvert
- 2 evőkanál olvasztott vaj vagy margarin
- 1 közepes Jalapeno paprika kimagozva és apróra vágva

UTASÍTÁS:

a) Melegítse elő a sütőt 175°C-ra, és zsírozza ki a madeleine formákat vagy az apró muffinformákat.

b) A sárga kukoricadarát a sütőben addig pirítjuk, amíg enyhén pirított színt nem kap. Hagyja kihűlni, mielőtt felhasználná a receptben.

c) Egy robotgépben keverj össze ½ csésze lisztet, sütőport, szódabikarbónát, sót, cukrot és a kihűlt, pirított kukoricadarát. Addig dolgozzuk fel a keveréket, amíg minden jól el nem keveredik, ami körülbelül 3-5 másodpercet vesz igénybe.

d) Adjuk hozzá az írót, a felvert tojást és az olvasztott vajat a száraz hozzávalókhoz a robotgépben. A keveréket addig dolgozzuk, amíg sima tésztát nem kapunk.

e) Keverje hozzá a finomra vágott jalapeno borsot, hogy fűszeres ütést adjon a kukoricakenyér madeleine-hez.

f) Minden kivajazott madeleine formát vagy apró muffinsütőt körülbelül kétharmadáig töltsünk meg a kukoricakenyér tésztával.

g) Az előmelegített sütőben körülbelül 15-20 percig sütjük a madeleineket, vagy amíg aranybarnák nem lesznek, és a közepébe szúrt fogpiszkáló tisztán ki nem jön.

h) Hagyja kihűlni a kukoricakenyér madeleine-t a serpenyőben, mielőtt kivenné őket.

i) Élvezze ezeket az elbűvölő kukoricakenyér Madeleine-eket finom édességükkel és a jalapeno bors egy kis fűszerességével. Köretnek vagy sós nassolnivalónak tökéletesek. Találd melegen vajjal, mézzel vagy kedvenc kenőcsöddel, hogy extra kellemes csemegét szerezzen. A maradékot légmentesen záródó edényben tárolja frissességük megőrzése érdekében.

CSOKOLÁS MADELEINES

58. Csokoládé Madeleine Ice Krém Szendvicsek

ÖSSZETEVŐK:

- ½ csésze cukor
- ½ csésze kakaópor
- ½ csésze univerzális liszt
- 1 teáskanál Sütőpor
- Csipet só
- 4 evőkanál vaj
- 1 teáskanál vanília kivonat
- 1 pint fagylalt tetszés szerint

UTASÍTÁS:

a) Melegítse elő a sütőt 435 Fahrenheit-fokra (223 Celsius-fok). Vajazzuk ki a madeleine formákat, vagy használjunk tapadásmentes opciót, hogy megakadályozzuk a ragadást.
b) Egy keverőtálban a tojássárgáját és a cukrot jól keverjük össze.
c) Adjuk hozzá a kakaóport a tojásos keverékhez, és addig keverjük, amíg teljesen be nem olvad.
d) Egy külön tálban keverjük össze a lisztet, a sütőport és a csipet sót.
e) A száraz hozzávalókat beledolgozzuk a tojásos masszába, addig keverjük, amíg sima tésztát nem kapunk.
f) A vajat felolvasztjuk, és a vaníliakivonattal együtt a tésztához adjuk, addig keverjük, amíg jól össze nem áll.
g) Egy másik tiszta tálban verjük kemény habbá a tojásfehérjét.
h) A felvert tojásfehérjét óvatosan beleforgatjuk a masszába, ügyelve arra, hogy teljesen beleolvadjon.
i) Minden kivajazott madeleine formát körülbelül ⅔-ig töltsünk meg a tésztával.
j) Süssük a madeleineket az előmelegített sütőben körülbelül 10 percig, vagy amíg tapintásra meg nem szilárdulnak.
k) Ha megsült, vegyük ki a madeleineket a sütőből, és hagyjuk kihűlni.
l) Ha a madeleine-ek kihűltek, külön tálba kanalazva készítsük el a fagylaltot, hogy könnyebb legyen vele dolgozni.
m) Vegyünk két madeleine-t, és tegyünk az egyikre egy gombóc fagylaltot.
n) Óvatosan nyomja a másik madeleine-t a tetejére, hogy finom fagylaltos szendvicset készítsen.
o) Tetszés szerint csomagolja be a fagylaltos szendvicseket műanyag fóliába vagy sütőpapírba, és tálalás előtt helyezze be a fagyasztóba, hogy megszilárduljon.
p) Élvezze az elragadó csokoládé Madeleine fagylaltos szendvicseit, hogy elragadó és frissítő legyen! Nyugodtan kísérletezzen különféle fagylalt ízekkel, hogy megfeleljen az Ön preferenciáinak.

59. Csokoládé Madeleines

ÖSSZETEVŐK:
- 2 tojás
- ½ csésze cukor
- 1 teáskanál reszelt citromhéj VAGY 2 teáskanál reszelt narancshéj
- 1 teáskanál vanília kivonat
- ¼ teáskanál Só
- ⅔ csésze univerzális liszt
- ⅓ csésze cukrozatlan kakaó
- 8 evőkanál vaj, megolvasztva és kissé lehűtve
- 4 evőkanál vaj, lágyítva (a madeleine formák kikenéséhez)

UTASÍTÁS:

a) Melegítsd elő a sütőt 200°C-ra (400°F). Kenje meg a madeleine formákat körülbelül ½ teáskanál lágy vajjal, így biztosítva a teljes fedést anélkül, hogy foltokat hagyna.

b) Egy nagy keverőtálban keverje össze a tojást, a cukrot és a citrom reszelt héját vagy a reszelt narancshéjat, ahogy tetszik. Keverje össze a keveréket.

c) Helyezze a keverőedényt egy forró vízben lévő serpenyőbe (kettős bojler), és addig keverje, amíg a tojásos keverék nagyon meleg lesz.

d) Vegyük le a tálat a tűzről, és keverjük nagy sebességgel a meleg tojásos keveréket, amíg világos és bolyhos nem lesz.

e) Adjuk hozzá a vaníliakivonatot és a sót a felvert tojásos keverékhez, és folytassuk a verést, amíg jól el nem keveredik.

f) Az univerzális lisztet és a cukrozatlan kakaót szitáljuk a tojásos keverékre. Óvatosan keverje hozzá a száraz hozzávalókat a nedves keverékhez, amíg teljesen össze nem keveredik, ügyelve arra, hogy ne keverje túl.

g) Fokozatosan öntsük a tésztába az olvasztott vajat, óvatosan keverjük, hogy sima és jól kevert csokoládé madeleine tésztát kapjunk.

h) Fedjük le a tálat műanyag fóliával, és tegyük hűtőbe legalább 1 órára, vagy amíg kissé meg nem szilárdul.

i) Miután a tészta kihűlt, ismét melegítse elő a sütőt 200 °C-ra.

j) Minden elkészített madeleine formába kanalazzuk a csokoládé madeleine masszát, körülbelül kétharmadáig töltve.

k) Az előmelegített sütőben körülbelül 10-12 percig sütjük a madeleineket, vagy amíg a madeleine szélei enyhén megpirulnak és a közepe felpuffad.

l) Vegye ki a madeleineket a sütőből, és hagyja hűlni néhány percig a formákban.

m) Óvatosan vegyük ki a madeleineket a formákból, és tegyük rácsra, hogy teljesen kihűljenek.

n) Élvezze ezeket az elragadó csokoládé Madeleine-eket egy csésze teadélután vagy kávé mellett, hogy egy remek csemegét szerezzen! Gazdag kakaós ízük és finom textúrájuk tökéletes kényeztetést biztosít minden alkalomra. A maradékot légmentesen záródó edényben tárolja frissességük megőrzése érdekében.

60. Csokoládé-Gyömbér Madeleines

ÖSSZETEVŐK:
- 2 ½ teáskanál őrölt gyömbér
- 2 teáskanál őrölt fahéj
- 1 teáskanál Őrölt szerecsendió
- ¾ teáskanál Darált szegfűszeg
- ¾ teáskanál őrölt kardamom
- 2 evőkanál cukrozatlan kakaópor, szitálva vagy szitálva
- 1 csipet só
- ¾ csésze sótlan vaj
- 3 ½ uncia félédes csokoládé
- ¼ csésze barna cukor
- ½ csésze fehér cukor
- 5 nagy tojás, enyhén felverve
- 1 ½ csésze Univerzális liszt, szitálva

UTASÍTÁS:

a) Egy keverőtálban keverje össze az őrölt gyömbért, őrölt fahéjat, őrölt szerecsendiót, őrölt szegfűszeget, őrölt kardamomot és az átszitált, cukrozatlan kakaóport. Ezt a fűszerkeveréket tedd félre.

b) Melegítse elő a sütőt 175 °C-ra, és zsírozza ki a madeleine formákat, hogy megakadályozza a ragadást.

c) Egy serpenyőben lassú tűzön olvasszuk fel a sótlan vajat és a félédes csokoládét. Vegyük le a serpenyőt a tűzről, és keverjük bele a barna cukrot és a fehér cukrot, amíg jól össze nem keveredik. Adjuk hozzá a fűszerkeveréket a csokis keverékhez, keverjük addig, amíg minden egyenletesen el nem keveredik.

d) A tojásokat egy külön tálban alaposan felverjük, majd a csokis-fűszeres keverékhez adjuk, sima tésztát készítünk.

e) Fokozatosan adjon hozzá 1 csésze átszitált univerzális lisztet a masszához, és jól keverje össze. Ezután adjuk hozzá a maradék ½ csésze szitált univerzális lisztet, és keverjük tovább, amíg a tészta sima nem lesz.

f) Egy púpozott evőkanál tésztát használva töltsön meg minden kivajazott madeleine formát.

g) Miután az összes forma megtelt, óvatosan koppintson a serpenyővel egyszer-kétszer a pultra, hogy eltávolítsa a légbuborékokat és egyenletesen ossza el a tésztát. Ha szükséges, nedves ujjakkal simítsa el a tésztát a formákban.

h) Süssük a madeleineket az előmelegített sütőben körülbelül 10-12 percig, vagy amíg a középső teszt el nem készül (a beszúrt fogpiszkálónak tisztán kell kijönnie).

i) Ha megsült, vegye ki a madeleineket a sütőből, és hagyja hűlni néhány percig a formákban, mielőtt rácsra helyezi, hogy teljesen kihűljön.

j) Kényeztesse magát a csokoládé és a fűszerek elragadó keverékével ezekkel a csokoládé-gyömbéres Madeleine-ekkel! Ezek a kis, zsenge sütemények elragadó csemege teadélután vagy kávé mellé, vagy egyszerűen finom falatként fogyaszthatók. A maradékot légmentesen záródó edényben tárolja, hogy friss maradjon.

61. Csokoládé Brownie Madeleines

ÖSSZETEVŐK:

- 1 tojás
- ¼ csésze cukor
- 1 teáskanál vanília
- ¼ teáskanál menta kivonat (opcionális)
- ⅓ csésze univerzális liszt
- 2 evőkanál kakaópor
- ¼ teáskanál sütőpor
- ¼ csésze félédes csokoládé chips
- ¼ csésze vaj + ½ evőkanál a serpenyőhöz

GANACHE:

- 2 evőkanál tejszín
- 2 evőkanál csokireszelék
- Választható köret

UTASÍTÁS:

a) A tojást és a cukrot habverővel 8 percig keverjük erősen. Verés közben a keverék sápadt lesz és besűrűsödik. 8 perc elteltével keverje hozzá a kivonat(oka)t, amíg beépül.

b) Egy külön tálban keverjük össze a lisztet, a kakaót és a sütőport. A lisztkeverék felét óvatosan a tojásos keverékhez keverjük. Amikor ez nagyrészt összeállt, óvatosan keverje hozzá a maradék lisztkeveréket, hogy minimalizálja a leeresztést.

c) A 4 evőkanál vajat és csokoládédarabkákat 10-20 másodperces sorozatokban, közben kevergetve melegítsük fel vagy mikrohullámú sütőben, amíg el nem olvad, de nem forró. Körülbelül ¼ csésze tésztát keverjünk az olvasztott vajhoz, és addig keverjük, amíg jól össze nem keveredik (ez kimerül). Öntsük a vajas keveréket a maradék tésztába, és óvatosan keverjük össze, amíg a lehető legkevesebbet leengedjük. Ne aggódjon, ha az edény oldala még mindig enyhén csokis.

d) Fedjük le a tésztát, és tegyük hűtőbe 30-60 percre (vagy fagyasztóba kb. 5 percre). A hosszabb hűtési idő a vaj megszilárdulását okozhatja, ami kevésbé bolyhos madeleine-t eredményez.

e) Melegítsd elő a sütőt 175°C-ra (350°F). Olvasszuk fel a maradék ½ evőkanál vajat, és enyhén kenjük meg vele a madeleine serpenyőt, még akkor is, ha tapadásmentes serpenyőnk van. Ez ropogósabb, "barna vajas" külsőt eredményez.

f) Vegye ki a tésztát a hűtőszekrényből. Óvatosan kanalazzon egy-egy lekerekített evőkanál tésztát mindegyik mélyedés közepébe. Mind a 12 kúthoz elegendőnek kell lennie, és a tészta sütés közben szétterül.

g) A madeleineket 10-12 percig sütjük, félidőben fordítsuk meg a serpenyőt, ha a sütő egyenetlenül melegszik. A madeleine akkor kész, amikor a teteje visszaugrik, miután enyhén megnyomta az ujjával. Röviden hűtsük le, majd fordítsuk a serpenyőt a pultra. Tegye át a meleg madeleine-t egy rácsra, hogy enyhén hűljön (ha tányérra teszi őket, összeragadhat).

h) A ganache elkészítéséhez a tejszínt és a csokoládédarabkákat 10-20 másodperces sorozatokban, közben megkeverve süsse mikrohullámú sütőbe, amíg megolvad és "kefélhető" lesz. Kenje meg a ganache-t finoman a madeleine-re hosszában (a bordák irányában), hogy a legjobb megjelenést kapja. Melegítsük fel röviden a ganache-t, ha túlságosan besűrűsödne ahhoz, hogy megkenjük. Kívánt esetben szórja meg az egyes madeleine egyik végét borsmentás cukorkadarabokkal, nonparellel vagy csokoládé jimmivel.

62. Étcsokoládé Madeleines

ÖSSZETEVŐK:

- 1 csésze sima univerzális liszt (kanalazva és kisimítva)
- 1 teáskanál sütőpor
- 2 evőkanál holland kakaópor + ½ evőkanál
- ½ teáskanál porított instant kávé
- 3 nagy tojás, szobahőmérsékleten
- ⅔ csésze arany vagy fehér kristálycukor
- 110 g sótlan vaj, olvasztott és lehűtve + 1 olvasztott evőkanál
- 100 g sima étcsokoládé blokk, megolvasztva és 10 percig hűtve

UTASÍTÁS:

a) Először győződjön meg arról, hogy a vaj és a csokoládé felolvadt, majd tegyük félre, hogy kissé lehűljön. Nem lehetnek forrók, csak melegek, amikor hozzáadja őket a 6. lépésben.

b) Egy kis keverőtálban keverjük össze a lisztet, a sütőport, a kakaót és a kávét. Jól összekeverjük. Félretesz, mellőz.

c) Egy nagy keverőtálban adjuk hozzá a szobahőmérsékletű tojást és a cukrot. Habverővel (nem elektromos habverővel) erőteljesen keverjük össze 2 percig, amíg halvány és sűrű nem lesz.

d) Adjuk hozzá a liszt/kakaó keverék felét a felvert tojásokhoz. Óvatosan hajtsa össze egy spatulával, amíg össze nem áll.

e) Hozzáadjuk a maradék liszt/kakaó keveréket, és addig hajtogatjuk, amíg el nem keveredik, és nem marad a liszt csomó. Ügyeljen arra, hogy ne keverje túl, mert nem akarja leereszteni a felvert tojást és levegőt veszíteni.

f) Beleöntjük a kihűlt olvasztott vajat és az olvasztott csokoládét. Óvatosan hajtsa össze és keverje össze, ügyelve arra, hogy ne keverje túl. A tészta sűrű és gusztusos lesz.

g) Fedjük le a tálat műanyag fóliával, és tegyük a hűtőszekrénybe 30 percre.

h) Közben előmelegítjük a sütőt 180°C-ra légkeveréses (356°F légkeveréses) hőmérsékletre, amíg a tészta hűl.

i) A madeleine serpenyő elkészítése: Vegyünk egy cukrászecsetet és 1 evőkanál extra olvasztott vajat, és kenjünk be egy vékony réteget minden madeleine formába. Ügyeljen arra, hogy ne legyen felesleges vaj "medencéje" a formákban.

j) Adja hozzá az extra ½ evőkanál kakaóport egy finom szitába vagy egy kis hálós teadélutángolyóba. Minden madeleine formába enyhén szórjon egy réteg kakaót. Üsse ki a felesleges kakaót a konyhai mosogatóba úgy, hogy megfordítja a serpenyőt, és néhányszor megütögeti az oldalát, hogy eltávolítsa a felesleges port.

k) Vegye ki a tésztát a hűtőszekrényből.

l) Minden madeleine forma közepébe kanalazzon egy evőkanál tésztát. Ha a tésztát érintetlenül hagyjuk, sütés közben szétterül a mélyedésekben.

m) Süssük 10-12 percig, vagy amíg a madeleine-k a közepén enyhén megnyomva visszaugrik, és a közepén egy kis kupola nem lesz.

n) Vegyük ki és hűtsük a serpenyőben 2 percig. Óvatosan távolítson el minden madeleine-t a kezével, mert rögtön ki kell csúszniuk. Tegyük rácsra, hogy teljesen kihűljön.

o) Ha szükséges, szórjunk rá egy kevés kakaóport a madeleinekre, amíg hűlnek.

p) A maradék tészta sütéséhez várja meg, amíg a madeleine tepsi szobahőmérsékletűre hűl. Töltse meg a formákat a tésztával, ismételje meg a fenti módszert. A serpenyőt nem kell újra kikenni vagy beporozni, mert felesleges vaj és kakaó marad benne.

q) Tálalja és élvezze ezeket a finom étcsokoládé Madeleine-eket, amelyek tökéletesek egy csésze teadélután vagy kávé mellé. Gazdag, bolyhos textúrájuk és csokoládé finomságuk elragadó francia desszertté vagy uzsonnává teszi őket.

63. Csokoládé Madeleines étcsokoládéba mártva

ÖSSZETEVŐK:
- 115 g olvasztott és szobahőmérsékletű vaj, plusz 1 evőkanál plusz a madeleines serpenyő elkészítéséhez
- 2 nagy tojás, szobahőmérsékletű
- 100 g porcukor (szuperfinom) vagy kristálycukor
- 30 ml teljes tej
- 1 teáskanál vanília kivonat
- 95 g sima liszt (univerzális), plusz 1 teáskanál extra a madeleines serpenyő elkészítéséhez
- 22 g kakaópor, plusz 1 teáskanál plusz a madeleines serpenyő elkészítéséhez
- ½ teáskanál sütőpor
- ¼ teáskanál finom só
- 100 g étcsokoládé (70%), apróra vágva
- 1 teáskanál sótlan vaj
- 25 g fehér csokoládé, reszelve (elhagyható dekoráció)

UTASÍTÁS:
a) A tojást és a cukrot felverjük: A habverővel felszerelt elektromos mixer edényébe tegyük a tojásokat és a cukrot, majd 5 percig verjük közepesen sápadt és sűrű habbá.
b) Hozzáadjuk a folyékony összetevőket. Csökkentse a sebességet alacsonyra, majd adjuk hozzá a tejet és a vaníliakivonatot, és keverjük össze.
c) A száraz hozzávalókat szitáljuk a tésztába: Szitáljuk a tálba a lisztet, a kakaóport, a sütőport és a sót. Alacsony fokozaton addig keverjük, amíg néhány lisztcsík nem marad.
d) Öntsük bele az olvasztott vajat: Vegyük le a tálat a mixerről, és lassan öntsük bele az olvasztott vajat. Óvatosan hajtsa bele a vajat gumilapáttal, ügyelve arra, hogy ne üssön ki minden levegőt.
e) Hűtsük le a tésztát: Fedjük le a tésztát fóliával, és tegyük hűtőbe 2-3 órára, vagy ideális esetben egy éjszakára.
f) Készítse elő a Madeleine serpenyőket, és töltse meg őket tésztával: Melegítse elő a sütőt 180 °C-ra (350 °F). Kenje ki a Madeleines serpenyő összes formáját egy evőkanál olvasztott vajjal, cukros ecsettel. Egy kis tálban keverjük össze a teáskanál lisztet és a kakaóport. Minden formát finoman beszórunk a keverékkel, és ütögessük ki a felesleget. Helyezze a

serpenyőket a hűtőszekrénybe, amíg a sütő fel nem melegszik, és készen áll, hogy megtöltse őket a tésztával.

g) Töltsük meg a tepsiket és süssük meg: Ha a sütő felmelegedett, vegye ki a tésztát a hűtőből és a Madeleine tepsiből. Töltsük meg minden lyuk legmélyebb részét 1 evőkanál tésztával. Ne simítsa ki a tésztát. Vegye ki a másik serpenyőt a hűtőből, és ugyanígy töltse meg.

h) Sütés: Helyezze a madeleine formákat a sütőbe, és süsse 10-12 percig, 8 perc elteltével ellenőrizze, és forgassa a formákat. Akkor vannak készen, amikor a „púpok" megkeltek, és a széle megpirult.

i) Rácsra forgatva: Vegyük ki a sütőből, és hagyjuk rácson pár percig hűlni, mielőtt kivesszük a tepsiből és hagyjuk kihűlni. (Tipp: mozgassa egy kicsit a serpenyőket, és ki kell ugrani. Ha ragadnak, futtasson egy késsel a szélét, hogy meglazítsa őket.)

j) Mártsuk csokoládéba és díszítsük: olvasszuk fel az étcsokoládét egy kis tálkában a mikrohullámú sütőben 10 másodperces sorozatokban. Időnként keverjük, amíg a csokoládé el nem olvad. Hozzáadjuk a vajat, és addig keverjük, amíg el nem olvad. Mindegyik madeleine-t mártsuk bele az étcsokoládéba, és tegyük egy darab sütőpapírra.

k) Az olvasztott csokoládéra szórjuk a reszelt fehércsokit. Várjon 15 percet, amíg a csokoládé megdermed, vagy azonnal élvezze!

64. Fehér csokoládé Madeleines

ÖSSZETEVŐK:

- ½ csésze sózatlan vaj, olvasztott
- ½ csésze nyers nádcukor
- 2 db szobahőmérsékletű tojás
- 1 teáskanál vanília kivonat
- 1 csésze univerzális liszt
- ½ teáskanál sütőpor
- 4 uncia (1 tábla) fehér csokoládé, olvasztott

UTASÍTÁS:

a) Habverővel felszerelt kézi vagy állványos keverővel verje össze a tojást és a nyers nádcukrot nagy sebességgel 8-10 percig, vagy amíg a keverék sűrű, nagyon halvány nem lesz, és a habverők felemelésekor szalagokat nem képez.

b) Adjuk hozzá a vaníliakivonatot, és keverjük össze.

c) Egy kis tálban keverjük össze a lisztet és a sütőport.

d) Egy spatula segítségével óvatosan keverje hozzá a lisztes keveréket a tojásos keverékhez.

e) Ezután az olvasztott vajat óvatosan beleforgatjuk a masszába. Egy-két percet vesz igénybe a teljes bedolgozás, ezért csak óvatosan keverje össze, amíg teljesen össze nem áll. A tésztának sűrűnek és fényesnek kell lennie.

f) Fedjük le a tálat, és hagyjuk a tésztát 45 percig a hűtőben hűlni.

g) A hűtés utolsó néhány percében melegítse elő a sütőt 350°F-ra.

h) Enyhén megkenjük a madeleine serpenyőt 1-2 evőkanál olvasztott vajjal, majd minden mélyedés közepébe kanalazunk egy bő evőkanál tésztát.

i) 10-12 percig sütjük, vagy amíg a madeleine enyhén megpirul.

j) Tegyük rácsra, és hagyjuk kihűlni.

k) A csokoládé megolvasztásához hozzon létre egy dupla bojlert úgy, hogy egy közepes edényt, amely körülbelül egyharmadára vízzel van megtöltve, lassú tűzön forralja fel.

l) Helyezzen egy nagy hőálló tálat az edény tetejére, és ügyeljen arra, hogy az edény alja ne érjen hozzá a vízhez.

m) Adja hozzá az apróra vágott fehér csokoládét a tálba, és óvatosan keverje körülbelül 3 percig, amíg a csokoládé teljesen felolvad és sima lesz. Levesszük a tűzről és félretesszük.

n) Ha kihűltek a madeleinék, mártsuk bele az olvasztott fehér csokoládéba és élvezzük!

VEGGIE MADELEINES

65. Burgonya Madeleines

ÖSSZETEVŐK:
- 1 font rozsdaburgonya, meghámozva és 1 hüvelykes kockákra vágva
- ½ csésze forrázott tej
- 6 evőkanál sótlan vaj
- 1 nagy tojás
- 2 gerezd fokhagyma, meghámozva és pépesítve
- 1 ½ teáskanál Só
- Frissen őrölt bors, ízlés szerint
- ⅓ csésze zsemlemorzsa
- 1 csésze tejföl
- 3 evőkanál darált metélőhagyma

KÜLÖNLEGES FELSZERELÉS:
- 12 csésze madeleine forma

UTASÍTÁS:

a) Egy serpenyőben a kockára vágott burgonyát leöntjük hideg sós vízzel. Forraljuk fel a vizet, részben fedjük le a serpenyőt, és főzzük a burgonyát körülbelül 15 percig, vagy amíg megpuhul.

b) A megfőtt burgonyát lecsepegtetjük, és burgonyanyomóval vagy rizsvágóval pépesítjük, vagy szitán átpasszírozzuk, hogy sima állagot kapjunk.

c) Egy keverőtálban keverjük össze a burgonyapürét, a forró forrázott tejet, 2 evőkanál vajat, a tojást, a zúzott fokhagymát, 1 teáskanál sót és a frissen őrölt borsot. Az egészet jól összekeverjük.

d) Egy serpenyőben olvassz fel 2 evőkanál vajat, és pirítsd meg a zsemlemorzsát, amíg enyhén aranybarna nem lesz.

e) Vajazz ki egy 12 csésze madeleine formát. Minden csészébe nyomjon körülbelül 2 teáskanál pirított zsemlemorzsát. Fagyassza le a formát zsemlemorzsával 15 percig.

f) Melegítse elő a sütőt 400 Fahrenheit-fokra (200 Celsius-fokra).

g) Csomagoljon körülbelül 3 evőkanál burgonya keveréket minden madeleine csészébe, óvatosan nyomja le. Olvasszuk fel a maradék vajat, és kenjük át vele a burgonyás keveréket a madeleine formában.

h) Helyezze a madeleine formát egy tepsire, és süsse a burgonya madeleine-t az előmelegített sütőben körülbelül 25 percig, vagy amíg megpuhul és enyhén megpirul.

i) Ha megsült, a kés hegyével bökd ki a burgonya madeleine-t a formából. Tegye őket egy hűtőrácsra hűlni.

j) Egy kis tálban keverjük össze a tejfölt a darált metélőhagymával és ½ teáskanál sóval.

k) Tálalja a burgonya Madeleine-t a tejföllel és metélőhagymával, így kellemes, ízletes kísérőként szolgál.

66. Répatorta Madeleines

ÖSSZETEVŐK:

- 1 csésze univerzális liszt
- 1 teáskanál Sütőpor
- ⅛ teáskanál só
- 1 teáskanál fahéjpor
- ¼ teáskanál szerecsendió por
- ⅓ csésze cukor
- ½ csésze mandulatej, langyos (előfordulhat, hogy extra tejre lesz szüksége)
- ⅓ csésze olívaolaj
- 1 teáskanál vanília kivonat
- ⅓ csésze szorosan csomagolt sárgarépa, finomra aprítva
- 2-3 evőkanál Dió, apróra vágva

UTASÍTÁS:

a) Egy tálban keverjük össze a lisztet, a sütőport, a fahéjport, a szerecsendióport és a sót.
b) Keverjük hozzá a cukrot.
c) Egy másik tálban keverjük össze az olívaolajat, a mandulatejet és a vaníliakivonatot.
d) A lisztes keveréket óvatosan a nedves hozzávalókhoz keverjük. Ügyeljen arra, hogy ne keverje túl.
e) Ha a tészta túl száraznak tűnik, adjunk hozzá még néhány evőkanál tejet.
f) Belekeverjük a felaprított sárgarépát és az apróra vágott diót.
g) Fedjük le a tésztát, és tegyük hűtőbe minimum 2 órára vagy legfeljebb 2 napra.
h) Ha készen állsz a sütésre, melegítsd elő a sütőt 180°C-ra. A madeleine formákat kivajazzuk és lisztezzük. Ha van szilikon serpenyőd, nincs szükség előkészületekre.
i) A masszát kanalazzuk a formákba, körülbelül háromnegyed részig megtöltve őket. Nem kell kiegyenlíteni a tésztát.
j) Süssük 12-14 percig, vagy amíg a madeleine aranybarna nem lesz, a teteje pedig rugalmas tapintású lesz.
k) Fordítsa ki őket egy hűtőrácsra. Tálalás előtt hagyjuk teljesen kihűlni.
l) Élvezze ezeket az elragadó és vegán sárgarépatorta Madeleines-t, ropogós sárgarépával és diós darabokkal tarkítva. Elkészítésük, megtekintésük és elfogyasztásuk is remek, bármilyen uzsonnához vagy desszerthez tökéletes!

67. Kecskesajt és szárított paradicsomos Madeleine

ÖSSZETEVŐK:

- 2 üveg szárított paradicsom
- 1 csésze (200 g) kecskesajt
- ½ csésze (120 ml) tej
- 3 nagy tojás
- 1 ¼ csésze (150 g) univerzális liszt
- 1 teáskanál sütőpor
- Só bors
- 5 evőkanál (75 ml) olívaolaj
- 50 g dió
- 12 bazsalikomlevél

UTASÍTÁS:

a) Melegítsük elő a sütőt 350°F-ra (180°C).
b) Az aszalt paradicsomot és a kecskesajtot apróra vágjuk.
c) A tejet egy kis serpenyőben felforrósítjuk, de nem forr.
d) Egy nagy tálban keverjük össze a tojást, a lisztet, a sütőport, a sót és a borsot.
e) A tojásos keverékhez keverjük az olívaolajat és a forró tejet.
f) Adjuk hozzá a szárított paradicsomot, a diót és a kecskesajtot a tésztához, és óvatosan forgassuk bele a bazsalikomleveleket. Ügyeljen arra, hogy ne keverje túl.
g) Öntse a tésztát egy tapadásmentes madeleine serpenyő minden üregébe, és töltse meg háromnegyed részig. Ha nem rendelkezik tapadásmentes madeleine serpenyővel, minden üreget kikenhet olvasztott vajjal, vagy használhat főzőpermetet.
h) Előmelegített sütőben 20-25 percig sütjük a madeleineket, amíg aranybarnák nem lesznek.
i) Tálalás előtt vegyük ki a madeleineket a serpenyőből, és hagyjuk teljesen kihűlni egy rácson.

68. Eper és Ube Madeleines

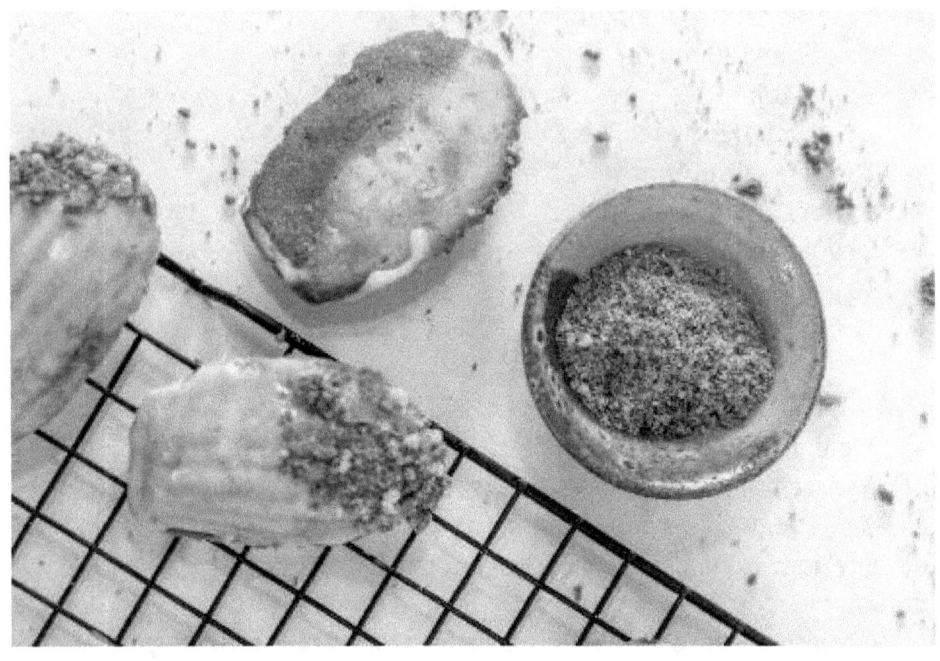

ÖSSZETEVŐK:
- ⅔ csésze univerzális liszt
- ½ teáskanál sütőpor
- Egy csipet só
- ½ csésze kristálycukor
- 2 nagy tojás
- 1 teáskanál vanília kivonat
- ¼ csésze olvasztott vaj
- ¼ csésze pépesített főtt ube (lila jam)
- ¼ csésze kockára vágott eper
- Porcukor a porozáshoz (opcionális)

UTASÍTÁS:
a) Melegítsd elő a sütőt 175°C-ra (350°F). Egy madeleine tepsit kivajazunk és lisztezzünk.
b) Egy közepes tálban keverjük össze a lisztet, a sütőport és a sót.
c) Egy külön tálban habosra és habosra keverjük a cukrot és a tojást. Belekeverjük a vaníliakivonatot.
d) Fokozatosan adjuk hozzá a száraz hozzávalókat a tojásos keverékhez, óvatosan keverjük, amíg össze nem áll.
e) Keverje hozzá az olvasztott vajat, amíg teljesen be nem épül.
f) A tésztát külön tálkában két egyenlő részre osztjuk.
g) Egy tálban hajtsd bele a pépesített ube-t, amíg a tészta lila színűvé nem válik.
h) A másik tálba óvatosan beleforgatjuk a felkockázott epret.
i) A madeleine formák egyik oldalába kanalazzuk az ube tésztát, a másik oldalára pedig az epres tésztát.
j) Süssük a madeleineket az előmelegített sütőben körülbelül 10-12 percig, vagy amíg a szélei enyhén aranybarnák nem lesznek, és a teteje megérintve visszaugrik.
k) Vegye ki a madeleineket a sütőből, és hagyja hűlni néhány percig a serpenyőben, mielőtt rácsra helyezi, hogy teljesen kihűljön.
l) Opcionális: Tálalás előtt porcukorral megszórjuk a kihűlt madeleineket.

FŰSZERES MADELEINEK

69. Cukor- és fűszeres Madeleines

ÖSSZETEVŐK:

- ¼ teáskanál Só
- 2 tojás
- ½ csésze cukor
- ⅔ csésze univerzális liszt
- 1 teáskanál őrölt fahéj
- ½ teáskanál Őrölt szerecsendió
- ¼ teáskanál Darált szegfűszeg
- ¼ csésze olvasztott margarin
- 1 teáskanál vanília kivonat
- Növényi főző spray
- 1 evőkanál porcukor

UTASÍTÁS:

a) Egy közepes tálban keverje össze a sót és a tojást. Keverje nagy sebességgel a keveréket mixer segítségével, amíg jól el nem keveredik.

b) Egy másik tálban keverje össze az univerzális lisztet, az őrölt fahéjat, az őrölt szerecsendiót és az őrölt szegfűszeget. Jól keverjük össze, hogy az összes fűszer egyenletesen eloszlassa.

c) A száraz lisztes keveréket fokozatosan a tojásos keverékhez keverjük, amíg sima tésztát nem kapunk.

d) A masszához adjuk az olvasztott margarint és a vaníliakivonatot, addig keverjük, amíg minden jól el nem keveredik.

e) Melegítse elő a sütőt 375 Fahrenheit-fokra (190 Celsius-fok).

f) Permetezzen egy madeleine serpenyőt növényi főző spray-vel, hogy megakadályozza a ragadást.

g) Az előkészített serpenyőben minden madeleine formába kanalazzon körülbelül 1 evőkanál tésztát.

h) Süssük a madeleineket az előmelegített sütőben körülbelül 10-12 percig, vagy amíg enyhén aranybarnák és rugalmas tapintásúak lesznek.

i) Ha megsült, vegyük ki a madeleineket a sütőből, és hagyjuk a tepsiben néhány percig hűlni.

j) Óvatosan tegyük át a madeleineket egy rácsra, hogy teljesen kihűljenek.

k) Szórja meg a kihűlt madeleineket porcukorral, hogy még egy kis édességet és megjelenést biztosítson.

70. Mézeskalács Madeleines

ÖSSZETEVŐK:

- 3 evőkanál sótlan vaj
- 2 evőkanál barna cukor
- 2 evőkanál cukor (finom, ha lehet)
- 1 evőkanál melasz
- 1 tojás
- ½ csésze univerzális liszt
- ¼ teáskanál sütőpor
- 1 csipet só
- ¼ teáskanál fahéj
- ¼ teáskanál gyömbér
- ⅛ teáskanál szegfűbors
- ⅛ teáskanál szerecsendió
- 1 evőkanál vaj (körülbelül) a serpenyő megkenéséhez

UTASÍTÁS:

a) Olvasszuk fel a vajat egy kis serpenyőben vagy a mikrohullámú sütőben egy kis edényben. Tedd félre hűlni, amíg elkészíted a többit.
b) Keverje össze a cukrot, a melaszt és a tojást, amíg halványabb és kissé sűrű lesz, ami néhány percig is eltarthat.
c) Egy külön tálban keverjük jól össze a lisztet, a sütőport, a fűszereket és a sót. Egy spatula vagy mixer segítségével apránként adjuk hozzá a száraz hozzávalókat a tojásos keverékhez, amíg jól össze nem keveredik, de ne keverjük túl.
d) Hozzákeverjük az olvasztott vajat, óvatosan, de ne keverjük túl.
e) Fedjük le a tálat, és tegyük hűtőbe a tésztát körülbelül egy órára. Alternatív megoldásként hagyd egy éjszakán át, hogy jobban összeérjenek az ízek, és vedd ki néhány perccel a felhasználás előtt.
f) Melegítse elő a sütőt 175°C-ra, amikor már majdnem készen áll a sütésre. A madeleine serpenyőt enyhén megkenjük olvasztott vajjal.
g) Vegye ki a kihűlt tésztát a hűtőből, és óvatosan lazítsa ki a tálból, ügyelve arra, hogy ne eressze le. Egy-egy evőkanálnyi tésztát kanalazunk a serpenyő minden formájába anélkül, hogy kiterítjük.
h) Helyezzük a serpenyőt az előmelegített sütőbe, és süssük körülbelül 12 percig, amíg a madeleine enyhén megpirul, és egy kis púp lesz a közepén.
i) Hagyja egy percig hűlni a madeleine-t, mielőtt óvatosan (fordítva) egy hűtőrácsra fordítaná őket úgy, hogy a mintás felük legyen felfelé. Miután nagyjából kihűltek, óvatosan megszórhatja őket porcukorral (opcionális), és már élvezheti is.
j) A sütőből kivéve a legjobban finoman melegen fogyasztva. Egy-két napig elállnak, de idővel elveszíthetik ropogós élüket.

71.Sütőtök fűszerMadeleines

ÖSSZETEVŐK:
- ½ csésze sózatlan vaj, megolvasztva és lehűtve
- 1 csésze univerzális liszt
- ½ teáskanál sütőpor
- ½ teáskanál sütőtök pite fűszer
- ¼ teáskanál őrölt fahéj
- ¼ teáskanál őrölt gyömbér
- ⅛ teáskanál őrölt szegfűszeg
- ¼ teáskanál só
- 2 nagy tojás
- ½ csésze kristálycukor
- ¼ csésze csomagolt világos barna cukor
- ½ csésze konzerv sütőtök püré
- 1 teáskanál vanília kivonat
- Porcukor, porozáshoz (opcionális)

UTASÍTÁS:

a) Melegítsd elő a sütőt 190°C-ra (375°F). Kenjünk ki egy madeleine serpenyőt kevés olvasztott vajjal vagy főzőspray-vel. Ha tapadásmentes serpenyőt használ, előfordulhat, hogy ez a lépés nem szükséges.

b) Egy közepes tálban keverje össze az univerzális lisztet, a sütőport, a sütőtök pite fűszert, az őrölt fahéjat, az őrölt gyömbért, az őrölt szegfűszeget és a sót. Félretesz, mellőz.

c) Egy külön nagy keverőtálban keverje össze a tojásokat és a kristálycukrot, amíg jól össze nem áll és enyhén habos lesz. Hozzáadjuk a csomagolt világosbarna cukrot, a konzerv sütőtökpürét és a vaníliakivonatot. Jól keverjük össze, amíg az összes összetevő teljesen el nem keveredik.

d) Fokozatosan adjuk hozzá a száraz hozzávalókat a nedves hozzávalókhoz, minden hozzáadás után óvatosan keverjük, amíg a tészta sima és jól el nem keveredik.

e) Az olvasztott vajat lassan a masszába öntjük, közben folyamatosan keverjük, amíg teljesen el nem keveredik.

f) Fedjük le a tálat műanyag fóliával, és tegyük hűtőbe a tésztát legalább 1 órára. A tészta hűtése elősegíti a madeleine ízének kibontakoztatását és a textúra javítását.

g) Lehűlés után melegítse elő újra a sütőt 375°F-ra (190°C), ha szükséges. Vegye ki a tésztát a hűtőszekrényből, és óvatosan keverje össze, hogy jól összeálljon.

h) Körülbelül 1 evőkanál tésztát kanalazunk a madeleine serpenyő minden kagyló alakú üregébe, körülbelül háromnegyed részig töltve őket.

i) Helyezze a megtöltött madeleine formát az előmelegített sütőbe, és süsse 10-12 percig, vagy amíg a madeleine megkelt és a széle enyhén aranybarna lesz.

j) Vegye ki a serpenyőt a sütőből, és hagyja hűlni a madeleineket a serpenyőben egy-két percig, mielőtt óvatosan rácsra helyezi őket, hogy teljesen kihűljenek.

k) Kívánság szerint a kihűlt Sütőtök fűszerMadeleine-t tálalás előtt porcukorral meghintjük, hogy a végső simítást bemutassuk.

72. Chai fűszerezett Madeleines

ÖSSZETEVŐK:

- 2 nagy tojás
- 1/2 csésze kristálycukor
- 1 csésze univerzális liszt
- 1/2 csésze sótlan vaj, megolvasztva és lehűtve
- 1 teáskanál őrölt fahéj
- 1/2 teáskanál őrölt gyömbér
- 1/4 teáskanál őrölt kardamom
- 1/4 teáskanál őrölt szegfűszeg
- 1/4 teáskanál őrölt fekete bors
- 1/2 teáskanál sütőpor
- 1/4 teáskanál só

UTASÍTÁS:

a) Melegítsd elő a sütőt 180°C-ra (350°F). Kivajazzuk és lisztezzük a madeleine tepsit.
b) Egy keverőedényben a tojásokat és a kristálycukrot habosra és sűrűre keverjük.
c) Egy külön tálban keverjük össze a lisztet, a sütőport, a sót és az összes őrölt fűszert.
d) A száraz hozzávalókat óvatosan a tojásos keverékhez keverjük.
e) Adjuk hozzá az olvasztott vajat és keverjük jól össze.
f) A masszát kanalazzuk az előkészített madeleine tepsibe úgy, hogy minden formát körülbelül 2/3-ig megtöltünk.
g) Süssük 10-12 percig, vagy amíg a madeleine aranybarna és púpos lesz.
h) Vegyük ki a sütőből, és hagyjuk hűlni néhány percig a tepsiben, mielőtt rácsra helyezzük.

73. Fahéjas Madeleine torták

ÖSSZETEVŐK:

- 2 nagy tojás, felmelegítve
- ¾ csésze szuperfinom cukor
- 1 ⅓ csésze univerzális liszt, szitálva
- ½ teáskanál sütőpor
- ⅛ teáskanál só
- ½ teáskanál fahéj
- ¼ teáskanál szerecsendió
- ¼ teáskanál őrölt szegfűszeg
- 8 evőkanál sótlan vaj, megolvasztva és lehűtve
- 1 teáskanál vanília kivonat

UTASÍTÁS:

a) Helyezze a vajat egy kis tálba, és olvassa fel a mikrohullámú sütőben vagy a tűzhelyen. Tedd félre hűlni.

b) Egy közepes méretű tálban keverje habosra a cukrot, a tojást és a vaníliakivonatot 5-7 percig, amíg a keverék sápadt lesz, és térfogata megháromszorozódik. Ehhez a lépéshez használhat kézi vagy álló mixert.

c) Egy külön kis tálban keverjük össze a lisztet, a sütőport, a sót, a fahéjat, a szerecsendiót és az őrölt szegfűszeget. A száraz hozzávalókat habosra keverjük.

d) A lisztes keveréket a tojásos masszára kanalazzuk, és a lisztet gumilapát segítségével óvatosan a masszába forgatjuk, amíg jól össze nem áll.

e) A kihűlt olvasztott vajat a tésztára öntjük, és óvatosan a masszába forgatjuk, amíg teljesen össze nem áll.

f) A tésztát 1 órára hűtőbe tesszük.

g) Melegítsd elő a sütőt 190°C-ra (375°F). Bőségesen zsírozzon ki és lisztezzen ki egy Madeleine serpenyőt, vagy használjon tapadásmentes spray-t, ha a serpenyőt nem kell lisztezni.

h) Minden Madeleine formába kanalazzon egy evőkanál tésztát, és finoman nyomja le a tésztát, hogy kitöltse az üreget.

i) Süssük a Madeleine-t 8-10 percig, vagy amíg aranybarnák nem lesznek, és a tetején kialakul a jellegzetes dudor. Ügyeljen rájuk, nehogy túlbarnuljon.

j) Hagyja a Madeleine-t 5 percig hűlni a serpenyőben, majd óvatosan vegye ki őket.

k) Egy szitával vagy finom szitával szórjuk meg porcukorral a sütemények tetejét a befejezés érdekében.

l) A Madeleine-t legjobb melegen vagy szobahőmérsékleten fogyasztani még az elkészítés napján. Ha maradványa van, tárolja légmentesen záródó edényben legfeljebb három napig.

m) Ezek a fahéjas Madeleine sütemények finom textúrájukkal és meleg fűszereikkel kellemes csemege. Élvezze őket egy csésze teadélután vagy kávé mellett a tökéletes délutáni kényeztetés érdekében.

74. Fűszeres narancsos Madeleines

ÖSSZETEVŐK:
- 2 nagy tojás
- 1/2 csésze kristálycukor
- 1 csésze univerzális liszt
- 1/2 csésze sótlan vaj, megolvasztva és lehűtve
- 2 narancs héja
- 1/2 teáskanál őrölt fahéj
- 1/4 teáskanál őrölt szerecsendió
- 1/4 teáskanál őrölt szegfűszeg
- 1/2 teáskanál sütőpor
- 1/4 teáskanál só

UTASÍTÁS:
a) Melegítsd elő a sütőt 180°C-ra (350°F). Kivajazzuk és lisztezzük a madeleine tepsit.
b) Egy keverőedényben a tojásokat és a kristálycukrot habosra és sűrűre keverjük.
c) Egy külön tálban keverjük össze a lisztet, a sütőport, a sót és az összes őrölt fűszert.
d) A száraz hozzávalókat óvatosan a tojásos keverékhez keverjük.
e) Adjuk hozzá az olvasztott vajat és a narancshéjat. Keverjük jól össze.
f) A masszát kanalazzuk az előkészített madeleine tepsibe úgy, hogy minden formát körülbelül 2/3-ig megtöltünk.
g) Süssük 10-12 percig, vagy amíg a madeleine aranybarna és púpos lesz.
h) Vegyük ki a sütőből, és hagyjuk hűlni néhány percig a tepsiben, mielőtt rácsra helyezzük.

75. Fahéj Chip Madeleines

ÖSSZETEVŐK:

- 2 nagy tojás
- 1/2 csésze kristálycukor
- 1 csésze univerzális liszt
- 1/2 csésze sótlan vaj, megolvasztva és lehűtve
- 1 teáskanál őrölt fahéj
- 1/4 teáskanál őrölt szerecsendió
- 1/4 teáskanál őrölt szegfűbors
- 1/2 csésze fahéjas sütőforgács
- 1/2 teáskanál sütőpor
- 1/4 teáskanál só

UTASÍTÁS:

a) Melegítsd elő a sütőt 180°C-ra (350°F). Kivajazzuk és lisztezzük a madeleine tepsit.
b) Egy keverőedényben a tojásokat és a kristálycukrot habosra és sűrűre keverjük.
c) Egy külön tálban keverjük össze a lisztet, a sütőport, a sót és az összes őrölt fűszert.
d) A száraz hozzávalókat óvatosan a tojásos keverékhez keverjük.
e) Hozzáadjuk az olvasztott vajat és a fahéjas sütőforgácsot. Keverjük jól össze.
f) A masszát kanalazzuk az előkészített madeleine tepsibe úgy, hogy minden formát körülbelül 2/3-ig megtöltünk.
g) Süssük 10-12 percig, vagy amíg a madeleine aranybarna és púpos lesz.
h) Vegyük ki a sütőből, és hagyjuk hűlni néhány percig a tepsiben, mielőtt rácsra helyezzük.

76. Chilis csokoládé Madeleines

ÖSSZETEVŐK:

- 2 nagy tojás
- 1/2 csésze kristálycukor
- 1 csésze univerzális liszt
- 1/2 csésze sótlan vaj, megolvasztva és lehűtve
- 2 evőkanál kakaópor
- 1/2 teáskanál chili por (ízlés szerint módosítani)
- 1/2 teáskanál őrölt fahéj
- 1/2 csésze félédes csokoládé chips
- 1/2 teáskanál sütőpor
- 1/4 teáskanál só

UTASÍTÁS:

a) Melegítsük elő a sütőt 350°F-ra (180°C). A madeleine formákat kivajazzuk és lisztezzük.
b) Egy keverőtálban a tojásokat és a kristálycukrot habosra és krémesre keverjük.
c) Egy külön tálban keverjük össze a lisztet, a kakaóport, a sütőport, a sót, a chiliport és az őrölt fahéjat.
d) A száraz hozzávalókat óvatosan a tojásos keverékhez keverjük.
e) Hozzáadjuk az olvasztott vajat és a félédes csokireszeléket. Keverjük jól össze.
f) A masszát kanalazzuk az előkészített madeleine tepsibe úgy, hogy minden formát körülbelül 2/3-ig megtöltünk.
g) Süssük 10-12 percig, vagy amíg a madeleine aranybarna és púpos lesz.
h) Hagyja néhány percig hűlni a serpenyőben, mielőtt rácsra helyezi őket.

77.Fűszeres mandula Madeleines

ÖSSZETEVŐK:

- 2 nagy tojás
- 1/2 csésze kristálycukor
- 1 csésze univerzális liszt
- 1/2 csésze sótlan vaj, megolvasztva és lehűtve
- 1/2 csésze őrölt mandula
- 1/2 teáskanál őrölt gyömbér
- 1/4 teáskanál őrölt cayenne bors (ízlés szerint módosítani)
- 1/2 teáskanál sütőpor
- 1/4 teáskanál só

UTASÍTÁS:

a) Melegítsd elő a sütőt 180°C-ra (350°F). Kivajazzuk és lisztezzük a madeleine tepsit.
b) Egy keverőedényben a tojásokat és a kristálycukrot habosra és sűrűre keverjük.
c) Egy külön tálban keverjük össze a lisztet, az őrölt mandulát, a sütőport, a sót, az őrölt gyömbért és az őrölt cayenne borsot.
d) A száraz hozzávalókat óvatosan a tojásos keverékhez keverjük.
e) Adjuk hozzá az olvasztott vajat és keverjük jól össze.
f) A masszát kanalazzuk az előkészített madeleine tepsibe úgy, hogy minden formát körülbelül 2/3-ig megtöltünk.
g) Süssük 10-12 percig, vagy amíg a madeleine aranybarna és púpos lesz.
h) Vegyük ki a sütőből, és hagyjuk hűlni néhány percig a tepsiben, mielőtt rácsra helyezzük.

78. Sriracha és Cheddar Madeleines

ÖSSZETEVŐK:

- 2 nagy tojás
- 1/2 csésze kristálycukor
- 1 csésze univerzális liszt
- 1/2 csésze sótlan vaj, megolvasztva és lehűtve
- 1/4 csésze reszelt éles cheddar sajt
- 1-2 evőkanál Sriracha szósz (ízlés szerint)
- 1/2 teáskanál sütőpor
- 1/4 teáskanál só

UTASÍTÁS:

a) Melegítsd elő a sütőt 180°C-ra (350°F). Kivajazzuk és lisztezzük a madeleine tepsit.
b) Egy keverőedényben a tojásokat és a kristálycukrot habosra és sűrűre keverjük.
c) Egy külön tálban keverjük össze a lisztet, a sütőport és a sót.
d) A száraz hozzávalókat óvatosan a tojásos keverékhez keverjük.
e) Adjuk hozzá az olvasztott vajat, a reszelt cheddar sajtot és a Sriracha szószt. Keverjük jól össze.
f) A masszát kanalazzuk az előkészített madeleine tepsibe úgy, hogy minden formát körülbelül 2/3-ig megtöltünk.
g) Süssük 10-12 percig, vagy amíg a madeleine aranybarna és púpos lesz.
h) Vegyük ki a sütőből, és hagyjuk hűlni néhány percig a tepsiben, mielőtt rácsra helyezzük.

79. Jalapeño kukoricakenyér Madeleines

ÖSSZETEVŐK:

- 2 nagy tojás
- 1/2 csésze kristálycukor
- 1 csésze univerzális liszt
- 1/2 csésze sótlan vaj, megolvasztva és lehűtve
- 1/4 csésze kukoricadara
- 1-2 jalapeño paprika finomra vágva (ízlés szerint igazítjuk)
- 1/2 teáskanál sütőpor
- 1/4 teáskanál só

UTASÍTÁS:

a) Melegítsük elő a sütőt 350°F-ra (180°C). A madeleine formákat kivajazzuk és lisztezzük.
b) Egy keverőtálban a tojásokat és a kristálycukrot habosra és krémesre keverjük.
c) Egy külön tálban keverjük össze a lisztet, a kukoricalisztet, a sütőport, a sót és a finomra vágott jalapeño paprikát.
d) A száraz hozzávalókat óvatosan a tojásos keverékhez keverjük.
e) Adjuk hozzá az olvasztott vajat és keverjük jól össze.
f) A masszát kanalazzuk az előkészített madeleine tepsibe úgy, hogy minden formát körülbelül 2/3-ig megtöltünk.
g) Süssük 10-12 percig, vagy amíg a madeleine aranybarna és púpos lesz.
h) Hagyja néhány percig hűlni a serpenyőben, mielőtt rácsra helyezi őket.

VIRÁGOS MADELEINEK

80. Pisztácia rózsavíz Madeleines

ÖSSZETEVŐK:

- 90 g univerzális liszt, szükség esetén még több
- 40 g hámozott, sózatlan pisztácia
- ½ teáskanál sütőpor
- ⅛ teáskanál só
- 2 nagy tojás
- ½ csésze fehér cukor
- ½ teáskanál vanília
- ½ teáskanál rózsavíz
- ¼ teáskanál pisztácia kivonat vagy mandula kivonat
- ½ csésze sózatlan vaj, olvasztott
- ½ csésze olvasztott fehér csokoládé, mártáshoz
- Darált pisztácia, díszítéshez

UTASÍTÁS:

a) Melegítse elő a sütőt 350 °F-ra. Készítsen elő 2 madeleine serpenyőt úgy, hogy alaposan megkefélje őket főzőpermettel.

b) Aprítógépben addig pörgesse a pisztáciát és a lisztet, amíg a pisztácia finomra nem őröl, de nem válik péppé. Szitáljuk a keveréket egy közepes méretű keverőtálba, dobjuk ki a megmaradt nagy pisztáciadarabokat. A keverék tömegének 120 g-nak kell lennie; ha kisebb a súlya, adjunk hozzá több lisztet, amíg el nem érjük a 120 g-ot.

c) Adjuk hozzá a sütőport és a sót a lisztes keverékhez, majd keverjük össze. Félretesz, mellőz.

d) Habverővel felszerelt állványos keverőben verje fel a tojást és a cukrot körülbelül 8 percen keresztül, amíg sűrű, háromszoros térfogatú nem lesz, és szalagokat formál a rögzítésről. Adjuk hozzá a vaníliát, a rózsavizet és a pisztácia kivonatot, és keverjük össze.

e) Vegye ki a tálat a mixerből, és adja hozzá a száraz hozzávalókat. A száraz hozzávalókat enyhén a masszához keverjük, addig keverjük, amíg össze nem áll.

f) Az olvasztott vajat óvatosan a tésztába keverjük, amíg jól össze nem keveredik, ügyelve arra, hogy a tészta ne süllyedjen ki. Lehet, hogy ezt a legegyszerűbb két lépésben megtenni: az olvasztott vajba kanalazzuk a tésztát, és összegyúrjuk, majd ezt öntsük a tészta többi részéhez, és hajtsuk össze.

g) Egy 1,5 hüvelykes sütilapáttal kanalazd a masszát az előkészített madeleine serpenyőkbe, a gombóc segítségével finoman oszd szét a tésztát a tepsiben. Tedd a fagyasztóba 15 percre.

h) Vegyük ki a formákat a fagyasztóból, és tegyük be a sütőbe, hogy 11-12 percig sütjük. Vegyük ki a sütőből, és tegyük rácsra a madeleineket, hogy kihűljenek.

i) Ha kihűlt, minden madeleine-t mártsunk bele az olvasztott fehér csokoládéba, és díszítsük zúzott pisztáciával. Élvezze ezeket a levegős és vajas pisztácia rózsavíz Madeleine-t, mint bármilyen alkalomra elragadó csemegét!

81. Málna rózsa francia Madeleines

ÖSSZETEVŐK:
A Madeleines számára
- 1 csésze vegán vaj, olvasztott (például Miyoko kesudióvaj)
- 1 citrom héja
- 1 vaníliarúd magjai
- 1 csésze gluténmentes lisztkeverék (pl. Bob's Redmill)
- ¼ teáskanál só
- 1 ¼ teáskanál gluténmentes sütőpor
- 3 nagy tojás, szobahőmérsékleten
- ¾ csésze biocukor

A MÁLNA RÓZSAMÁZHOZ:
- 2 csésze porcukor
- Splash citromlé
- 1 csepp rózsavíz
- ¼ csésze pürésített málna, leszűrve (egyszerre 1 teáskanálnyit adunk hozzá)
- Ehető rózsaszirom és szárított málna (zúzott) a díszítéshez (opcionális)

UTASÍTÁS:
A Madeleines számára
a) Olvasszuk fel a vegán vajat egy serpenyőben közepes lángon, amíg enyhén barnulni nem kezd (kb. 10 perc).
b) Az olvasztott vajat egy edénybe tesszük, és belekeverjük a citromhéjat és a vaníliarudat.
c) Egy külön tálban keverje össze a gluténmentes lisztkeveréket, a sót és a gluténmentes sütőport. Félretesz, mellőz.
d) Állványmixer segítségével közepes sebességgel felverjük a tojásokat, miközben fokozatosan hozzáadjuk a biocukrot.
e) Folytassa a cukor-tojás keverék habverését közepes-nagy sebességgel körülbelül 3 percig, amíg habos nem lesz.
f) Óvatosan keverje hozzá a lisztes keveréket a tojáshoz és a cukorhoz, amíg össze nem áll.
g) Ezután keverje hozzá az olvasztott vajat, amíg teljesen be nem épül. Fedjük le a tésztát és tegyük hűtőbe legalább 4 órára.

SÜTÉS:
h) Melegítse elő a sütőt 375 F (190 C) fokra.
i) Kenje ki a madeleine serpenyő minden üregét főzőspray-vel vagy vajjal.

j) A lehűtött tésztából kanalazzon egy teáskanálnyit az egyes madeleine üregek közepébe. Sütés közben szétterül a tészta.

k) Süssük a madeleineket körülbelül 10 percig, vagy amíg aranybarnák nem lesznek.

l) A megsült madeleineket tegyük át egy hűtőrácsra, és üvegezés előtt hagyjuk teljesen kihűlni.

MÁLNA RÓZSA MÁZ ÚTMUTATÓ

m) Állványmixerben keverjük simára a porcukrot és a citromlevet.

n) Egy-egy kanállal adjuk hozzá a málnapürét, alaposan keverjük össze, amíg el nem keveredik.

o) A máz sűrű, lassan száradó dip állagú legyen. Ha túl sűrű, adjunk hozzá még egy pici málnapürét.

MERÍTÉSI UTASÍTÁSOK

p) A kihűlt madeleine tetejét vagy oldalát a málnás rózsamázba forgatjuk.

q) Megszórjuk ehető rózsaszirmokkal és zúzott szárított málnával a szép díszítéshez.

r) Hagyja a mázat legalább 20 percig dermedni, vagy felgyorsíthatja a folyamatot, ha a madeleineket hűtőben hűtjük.

s) Élvezze ezeket a málnás rózsa francia Madeleine-eket egy elegáns és ízletes csemegéért! Tökéletes különleges alkalmakra vagy egy kellemes délutáni teára.

82. Levendula Édesem Madeleines

ÖSSZETEVŐK:

- 1 teáskanál olvasztott vaj a madeleines tálcához
- 2 nagy tojás
- 3 uncia (80 g) porcukor
- 3½ uncia (100 g) vaj, megolvasztva és kissé lehűtve
- 2 evőkanál (30 g) méz
- ½ citrom, csak héja
- 1 teáskanál friss citromlé
- 3½ uncia (100 g) univerzális liszt
- ¾ teáskanál sütőpor
- 2 teáskanál száraz levendula virág
- 3 teáskanál levendula kivonat

UTASÍTÁS:

a) Melegítsd elő a sütőt 200°C-ra (400°F). Kenje meg a madeleine tálcát olvasztott vajjal, vagy használjon főzőspray-t, majd szórja be liszttel, hogy bevonja a formákat, ütögesse ki a felesleges lisztet.

b) Egy tálban habosra keverjük a tojásokat és a porcukrot. Adjuk hozzá az olvasztott vajat, a mézet, a citrom levét és héját, a levendula kivonatot, majd szitáljuk bele a sütőporos lisztet. Keverjük jól össze.

c) A száraz levendula virágokat beledolgozzuk a tésztába, és jól összedolgozzuk. Hagyja a tésztát 20 percig pihenni.

d) Óvatosan öntse a masszát az előkészített madeleine tálcába, és töltse meg mindegyik formát körülbelül ¾-ig.

e) Süssük a madeleineket 8-10 percig, vagy amíg a keverék a közepén kissé megkelt, és teljesen át nem sül. A madeleine-nek enyhén aranyszínűnek kell lennie.

f) Vegye ki a madeleine-t a sütőből, és tegye át rácsra. Tálalás előtt hagyjuk kissé kihűlni őket.

g) Ezek a gyönyörű levendula mézes Madeleine-ek elragadó csemege levendula, citrom és méz finom ízével. Tökéletes ehető ajándék lehet szeretteinek, különösen kis műanyag tasakban csomagolva. Élvezze finom illatukat és ízüket egy csésze teadélután vagy kávé mellett!

83. Bodzavirág Madeleines csokoládémártással

ÖSSZETEVŐK:

A Madeleines számára
- 100 g vaj, plusz a kenéshez
- 1 evőkanál bodzavirág szívélyes
- Fél viaszmentes citrom finomra reszelt héja
- 100 g porcukor
- 2 közepes Waitrose brit Blacktail tojás
- 100 g sima liszt, plusz a porhoz
- ½ teáskanál sütőpor

A FEHÉRCSOKOLÁDÉSZÓSZHOZ:
- 170 ml kád dupla tejszín
- 100 g fehér csokoládé, apróra vágva
- 2 evőkanál szívélyes bodzavirág
- ½ viaszmentes citrom finomra reszelt héja

UTASÍTÁS:

a) A madeleine elkészítéséhez a vajat egy kis serpenyőben közepes lángon felmelegítjük, amíg elolvad. Hozzákeverjük a bodzavirág szívélyes és citromhéját, majd félretesszük kicsit hűlni.

b) Helyezze a cukrot és a tojást egy állványos mixer táljába, és nagy sebességgel keverje 6-7 percig, amíg a keverék könnyű és sűrű lesz, és a habverő nyomot hagy a keverékben, ami 3 másodperc alatt eltűnik.

c) A lisztet és a sütőport egy kis tálban összekeverjük, majd a tojásos keverékhez szitáljuk. Fémkanállal vagy hajlékony spatulával hajtsa bele a száraz hozzávalókat, amíg az összes liszt el nem keveredik.

d) Adjuk hozzá a vajat és a bodzavirág keveréket a tésztához, keverjük össze. Fedjük le a tálat fóliával, és hűtsük legalább 30 percig vagy egy éjszakán át.

e) Egy 12 lyukú madeleine formát bőségesen kikenünk vajjal (ujjaival ellenőrizhetjük, hogy minden rés el legyen fedve), enyhén megszórjuk sima liszttel, és betesszük a fagyasztóba hűlni. Közben a sütőt előmelegítjük 200°C-ra (gáz fokozat 6).

f) Minden lyukba 1 púpozott teáskanál tésztát kanalazunk. A keverék sütés közben szétterül, így nem kell kitölteni a formát. 8-10 percig sütjük, amíg a közepe klasszikus púposra nem emelkedik és a madeleine tapintásra rugalmas lesz. Tegyük ki egy hűtőrácsra, és ismételjük meg a maradék tésztával, hogy 24 madeleine-t kapjunk.

g) A fehércsokoládé szószhoz egy kis lábasba öntjük a dupla tejszínt, és addig melegítjük, amíg éppen el nem kezd párolódni. A tűzről leveve hozzáadjuk az apróra vágott fehér csokoládét.

h) Simára keverjük. Keverjük hozzá a bodzavirág szívélyes és citromhéját, majd öntsük a szószt egy meleg tálba, és mártogatósként tálaljuk a madeleine mellé.

84. Rose Madeleines

ÖSSZETEVŐK:

- 2 nagy tojás
- 1/2 csésze kristálycukor
- 1 csésze univerzális liszt
- 1/2 csésze sótlan vaj, megolvasztva és lehűtve
- 1 evőkanál rózsavíz
- 1 teáskanál szárított rózsaszirom (kulináris minőségű)
- 1/2 teáskanál sütőpor
- 1/4 teáskanál só

UTASÍTÁS:

a) Melegítsük elő a sütőt 350°F-ra (180°C). A madeleine formákat kivajazzuk és lisztezzük.
b) Egy keverőtálban a tojásokat és a kristálycukrot habosra és krémesre keverjük.
c) Egy külön tálban keverjük össze a lisztet, a sütőport, a sót és a szárított rózsaszirmokat.
d) A száraz hozzávalókat óvatosan a tojásos keverékhez keverjük.
e) Adjuk hozzá az olvasztott vajat, a rózsavizet, és keverjük jól össze.
f) A masszát kanalazzuk az előkészített madeleine tepsibe úgy, hogy minden formát körülbelül 2/3-ig megtöltünk.
g) Süssük 10-12 percig, vagy amíg a madeleine aranybarna és púpos lesz.
h) Hagyja néhány percig hűlni a serpenyőben, mielőtt rácsra helyezi őket.

85. Narancsvirág Madeleines

ÖSSZETEVŐK:

- 2 nagy tojás
- 1/2 csésze kristálycukor
- 1 csésze univerzális liszt
- 1/2 csésze sótlan vaj, megolvasztva és lehűtve
- 1 evőkanál narancsvirágvíz
- 1 narancs héja
- 1/2 teáskanál sütőpor
- 1/4 teáskanál só

UTASÍTÁS:

a) Melegítsd elő a sütőt 180°C-ra (350°F). Kivajazzuk és lisztezzük a madeleine tepsit.
b) Egy keverőedényben a tojásokat és a kristálycukrot habosra és sűrűre keverjük.
c) Egy külön tálban keverjük össze a lisztet, a sütőport, a sót és a narancshéjat.
d) A száraz hozzávalókat óvatosan a tojásos keverékhez keverjük.
e) Hozzáadjuk az olvasztott vajat, a narancsvirágvizet, és jól összekeverjük.
f) A masszát kanalazzuk az előkészített madeleine tepsibe úgy, hogy minden formát körülbelül 2/3-ig megtöltünk.
g) Süssük 10-12 percig, vagy amíg a madeleine aranybarna és púpos lesz.
h) Vegyük ki a sütőből, és hagyjuk hűlni néhány percig a tepsiben, mielőtt rácsra helyezzük.

86. Lila Madeleines

ÖSSZETEVŐK:

- 2 nagy tojás
- 1/2 csésze kristálycukor
- 1 csésze univerzális liszt
- 1/2 csésze sótlan vaj, megolvasztva és lehűtve
- 1 evőkanál ibolyaszirup vagy kivonat
- Lila ételfesték (opcionális, színezéshez)
- 1/2 teáskanál sütőpor
- 1/4 teáskanál só

UTASÍTÁS:

a) Melegítsük elő a sütőt 350°F-ra (180°C). A madeleine formákat kivajazzuk és lisztezzük.
b) Egy keverőtálban a tojásokat és a kristálycukrot habosra és krémesre keverjük.
c) Egy külön tálban keverjük össze a lisztet, a sütőport, a sót és az ibolyaszirupot.
d) Ha szükséges, adjon hozzá néhány csepp lila ételfestéket az élénk árnyalat érdekében.
e) A száraz hozzávalókat óvatosan a tojásos keverékhez keverjük.
f) Adjuk hozzá az olvasztott vajat és keverjük jól össze.
g) A masszát kanalazzuk az előkészített madeleine tepsibe úgy, hogy minden formát körülbelül 2/3-ig megtöltünk.
h) Süssük 10-12 percig, vagy amíg a madeleine aranybarna és púpos lesz.
i) Hagyja néhány percig hűlni a serpenyőben, mielőtt rácsra helyezi őket.

87. Kamilla méz Madeleines

ÖSSZETEVŐK:

- 2 nagy tojás
- 1/2 csésze kristálycukor
- 1 csésze univerzális liszt
- 1/2 csésze sótlan vaj, megolvasztva és lehűtve
- 2 evőkanál szárított kamillavirág (finomra őrölt)
- 2 evőkanál méz
- 1/2 teáskanál sütőpor
- 1/4 teáskanál só

UTASÍTÁS:

a) Melegítsd elő a sütőt 180°C-ra (350°F). Kivajazzuk és lisztezzük a madeleine tepsit.
b) Egy keverőedényben a tojásokat és a kristálycukrot habosra és sűrűre keverjük.
c) Egy külön tálban keverjük össze a lisztet, az őrölt kamillavirágot, a sütőport és a sót.
d) A száraz hozzávalókat óvatosan a tojásos keverékhez keverjük.
e) Adjuk hozzá az olvasztott vajat és a mézet, és keverjük jól össze.
f) A masszát kanalazzuk az előkészített madeleine tepsibe úgy, hogy minden formát körülbelül 2/3-ig megtöltünk.
g) Süssük 10-12 percig, vagy amíg a madeleine aranybarna és púpos lesz.
h) Vegyük ki a sütőből, és hagyjuk hűlni néhány percig a tepsiben, mielőtt rácsra helyezzük.

88. Hibiszkusz Madeleines

ÖSSZETEVŐK:

- 2 nagy tojás
- 1/2 csésze kristálycukor
- 1 csésze univerzális liszt
- 1/2 csésze sótlan vaj, megolvasztva és lehűtve
- 2 evőkanál szárított hibiszkusz virág (finomra őrölt)
- 1/2 teáskanál sütőpor
- 1/4 teáskanál só

UTASÍTÁS:

a) Melegítsd elő a sütőt 180°C-ra (350°F). Kivajazzuk és lisztezzük a madeleine tepsit.
b) Egy keverőedényben a tojásokat és a kristálycukrot habosra és sűrűre keverjük.
c) Egy külön tálban keverjük össze a lisztet, az őrölt hibiszkuszvirágot, a sütőport és a sót.
d) A száraz hozzávalókat óvatosan a tojásos keverékhez keverjük.
e) Adjuk hozzá az olvasztott vajat és keverjük jól össze.
f) A masszát kanalazzuk az előkészített madeleine tepsibe úgy, hogy minden formát körülbelül 2/3-ig megtöltünk.
g) Süssük 10-12 percig, vagy amíg a madeleine aranybarna és púpos lesz.
h) Vegyük ki a sütőből, és hagyjuk hűlni néhány percig a tepsiben, mielőtt rácsra helyezzük.

89. Jázmin teadélután Madeleines

ÖSSZETEVŐK:

- 2 nagy tojás
- 1/2 csésze kristálycukor
- 1 csésze univerzális liszt
- 1/2 csésze sótlan vaj, megolvasztva és lehűtve
- 1 evőkanál szárított jázmin teadélutánlevél (finomra őrölt)
- 1/2 teáskanál sütőpor
- 1/4 teáskanál só

UTASÍTÁS:

a) Melegítsük elő a sütőt 350°F-ra (180°C). A madeleine formákat kivajazzuk és lisztezzük.
b) Egy keverőtálban a tojásokat és a kristálycukrot habosra és krémesre keverjük.
c) Egy külön tálban keverjük össze a lisztet, az őrölt jázmin teadélutánleveleket, a sütőport és a sót.
d) A száraz hozzávalókat óvatosan a tojásos keverékhez keverjük.
e) Adjuk hozzá az olvasztott vajat és keverjük jól össze.
f) A masszát kanalazzuk az előkészített madeleine tepsibe úgy, hogy minden formát körülbelül 2/3-ig megtöltünk.
g) Süssük 10-12 percig, vagy amíg a madeleine aranybarna és púpos lesz.
h) Hagyja néhány percig hűlni a serpenyőben, mielőtt rácsra helyezi őket.

90. Limeblossom Madeleines

ÖSSZETEVŐK:
- 2/3 csésze univerzális liszt
- 1/2 csésze kristálycukor
- 1/4 csésze sótlan vaj, megolvasztva és lehűtve
- 2 nagy tojás
- 1 teáskanál hársfavirág kivonat
- 1/2 teáskanál sütőpor
- Egy csipet só
- Egy lime héja
- Cukrászcukor (porozáshoz)
- Vaj és liszt (a madeleine forma kikenéséhez)

UTASÍTÁS:
a) Melegítsd elő a sütőt 180°C-ra (350°F).
b) Kenje ki és lisztezze ki a madeleine formáját, hogy ne ragadjon le. Ha tapadásmentes madeleine serpenyővel rendelkezik, kihagyhatja ezt a lépést.
c) Egy keverőtálban keverjük össze a tojást és a kristálycukrot. Keverjük össze őket, amíg a keverék könnyű és bolyhos nem lesz.
d) Adjuk hozzá az olvasztott és kihűlt vajat, a hársfavirág kivonatot és a lime héját a tojás-cukros keverékhez. Keverjük jól össze.
e) Egy külön tálban szitáljuk össze a lisztet, a sütőport és a csipet sót.
f) A száraz hozzávalókat óvatosan keverjük a nedves masszához, amíg sima tésztát nem kapunk.
g) Töltsön meg minden madeleine formát körülbelül 2/3-ig a tésztával. Ehhez használhatunk kanalat vagy cukrászzacskót.
h) Az előmelegített sütőben kb 10-12 percig sütjük a madeleineket, vagy amíg meg nem puhulnak és a szélei aranybarnák lesznek.
i) Vegyük ki a madeleineket a sütőből, és hagyjuk a formában néhány percig hűlni.
j) Miután kissé kihűltek, óvatosan vegye ki a madeleineket a formából, és helyezze rácsra, hogy teljesen kihűljön.
k) Miután a madeleine-ek kihűltek, megszórhatjuk őket cukrászcukorral az édes befejezés érdekében.

GYÓGYSZERES MADELEINEK

91. Parmezán-Madeleines gyógynövény

ÖSSZETEVŐK:

- ⅓ csésze fehérítetlen univerzális liszt
- 1 teáskanál sütőpor
- ¼ teáskanál tengeri só
- 1 nagy tojás enyhén felverve
- ⅓ csésze zsírmentes natúr joghurt
- ¼ csésze 1 uncia frissen reszelt Parmigiano-Reggiano (vagy gruyere)
- 1 evőkanál finomra aprított friss rozmaring vagy metélőhagyma

UTASÍTÁS:

a) Melegítse elő a sütőt 425 °Fra. Azt javaslom, hogy a madeleine serpenyőjét permetezze be tapadásmentes spray-vel, még akkor is, ha már tapadásmentesként van megjelölve.

b) Aprítógép segítségével a liszttől a joghurtig összedolgozzuk a hozzávalókat, és jól összedolgozzuk. Adjuk hozzá a sajtot és a rozmaringot, és keverjük össze.

c) A masszát kanalazzuk a madeleine formákba, és süssük a sütő középső rácsán körülbelül 10 percig, vagy amíg szilárd és aranybarnák nem lesznek. Tálalás előtt néhány percig hűtsük a madeleine-t.

d) Melegen vagy szobahőmérsékleten tálaljuk.

92. Rosemary Lemon Madeleines

ÖSSZETEVŐK:

- ½ csésze sózatlan vaj, megolvasztva és lehűtve
- 1 evőkanál finomra vágott friss rozmaring
- 1 citrom héja
- 2 nagy tojás
- ½ csésze kristálycukor
- 1 csésze univerzális liszt
- 1 teáskanál sütőpor
- ¼ teáskanál só

UTASÍTÁS:

a) Melegítsd elő a sütőt 190°C-ra (375°F). Zsírral és liszttel madeleine formákat.

b) Egy közepes tálban habosra és sűrűre keverjük a tojást és a cukrot.

c) Adjuk hozzá az olvasztott vajat, az apróra vágott rozmaringot és a citromhéjat a tojásos keverékhez, és keverjük jól össze.

d) Egy külön tálban keverjük össze a lisztet, a sütőport és a sót.

e) Fokozatosan keverjük a száraz hozzávalókat a nedves hozzávalókhoz, amíg össze nem keverednek.

f) A masszát kanalazzuk a madeleine formákba, mindegyiket körülbelül ¾-ig töltve.

g) Süssük 8-10 percig, vagy amíg a madeleine aranybarna lesz, és enyhén megérintve visszaugrik.

h) Vegye ki a sütőből, és hagyja hűlni néhány percig a formákban, mielőtt rácsra helyezi, hogy teljesen kihűljön.

93. Kakukkfű parmezán Madeleines

ÖSSZETEVŐK:
- ½ csésze sózatlan vaj, megolvasztva és lehűtve
- 1 evőkanál finomra vágott friss kakukkfű levél
- ¼ csésze reszelt parmezán sajt
- 2 nagy tojás
- ½ csésze kristálycukor
- 1 csésze univerzális liszt
- 1 teáskanál sütőpor
- ¼ teáskanál só

UTASÍTÁS:
a) Melegítsd elő a sütőt 190°C-ra (375°F). Zsírral és liszttel madeleine formákat.

b) Egy közepes tálban habosra és sűrűre keverjük a tojást és a cukrot.

c) Adjuk hozzá az olvasztott vajat, az apróra vágott kakukkfüvet és a reszelt parmezán sajtot a tojásos keverékhez, és keverjük jól össze.

d) Egy külön tálban keverjük össze a lisztet, a sütőport és a sót.

e) Fokozatosan keverjük a száraz hozzávalókat a nedves hozzávalókhoz, amíg össze nem keverednek.

f) A masszát kanalazzuk a madeleine formákba, mindegyiket körülbelül ¾-ig töltve.

g) Süssük 8-10 percig, vagy amíg a madeleine aranybarna lesz, és enyhén megérintve visszaugrik.

h) Vegye ki a sütőből, és hagyja hűlni néhány percig a formákban, mielőtt rácsra helyezi, hogy teljesen kihűljön.

94. Bazsalikomos napon szárított paradicsomos Madeleines

ÖSSZETEVŐK:
- ½ csésze sózatlan vaj, megolvasztva és lehűtve
- 2 evőkanál finomra vágott friss bazsalikomlevél
- ¼ csésze finomra vágott szárított paradicsom (szükség esetén rehidratált)
- 2 nagy tojás
- ½ csésze kristálycukor
- 1 csésze univerzális liszt
- 1 teáskanál sütőpor
- ¼ teáskanál só

UTASÍTÁS:
a) Melegítsd elő a sütőt 190°C-ra (375°F). Zsírral és liszttel madeleine formákat.
b) Egy közepes tálban habosra és sűrűre keverjük a tojást és a cukrot.
c) Adjuk hozzá az olvasztott vajat, az apróra vágott bazsalikomot és a szárított paradicsomot a tojásos keverékhez, és keverjük jól össze.
d) Egy külön tálban keverjük össze a lisztet, a sütőport és a sót.
e) Fokozatosan keverjük a száraz hozzávalókat a nedves hozzávalókhoz, amíg össze nem kevérednek.
f) A masszát kanalazzuk a madeleine formákba, mindegyiket körülbelül ¾-ig töltve.
g) Süssük 8-10 percig, vagy amíg a madeleine aranybarna lesz, és enyhén megérintve visszaugrik.
h) Vegye ki a sütőből, és hagyja hűlni néhány percig a formákban, mielőtt rácsra helyezi, hogy teljesen kihűljön.

95. Kapor és Feta Madeleines

ÖSSZETEVŐK:

- ½ csésze sózatlan vaj, megolvasztva és lehűtve
- 2 evőkanál finomra vágott friss kapor
- ¼ csésze morzsolt feta sajt
- 2 nagy tojás
- ½ csésze kristálycukor
- 1 csésze univerzális liszt
- 1 teáskanál sütőpor
- ¼ teáskanál só

UTASÍTÁS:

a) Melegítsd elő a sütőt 190°C-ra (375°F). Zsírral és liszttel madeleine formákat.

b) Egy közepes tálban habosra és sűrűre keverjük a tojást és a cukrot.

c) Adjuk hozzá a tojásos keverékhez az olvasztott vajat, az apróra vágott kaprot és a morzsolt feta sajtot, és keverjük jól össze.

d) Egy külön tálban keverjük össze a lisztet, a sütőport és a sót.

e) Fokozatosan keverjük a száraz hozzávalókat a nedves hozzávalókhoz, amíg össze nem keverednek.

f) A masszát kanalazzuk a madeleine formákba, mindegyiket körülbelül ¾-ig töltve.

g) Süssük 8-10 percig, vagy amíg a madeleine aranybarna lesz, és enyhén megérintve visszaugrik.

h) Vegye ki a sütőből, és hagyja hűlni néhány percig a formákban, mielőtt rácsra helyezi, hogy teljesen kihűljön.

KAFFEINES MADELEINEK

96. Mocha Madeleines eszpresszómázzal

ÖSSZETEVŐK:

A MOCHA Madeleines számára
- ¾ csésze (94 g / 180 ml) univerzális liszt
- ¼ csésze (21 g / 60 ml) sötét kakaópor (holland feldolgozással)
- 1 evőkanál (15 ml) instant eszpresszópor
- 1 teáskanál (5 ml) sütőpor
- ¼ teáskanál (1 ml) kóser só vagy finom tengeri só
- 3 tojás
- ¾ csésze (150 g) kristálycukor
- 1 teáskanál (5 ml) tiszta vanília kivonat
- ½ csésze (1 rúd / 113 g / 125 ml) sózatlan vaj, olvasztott

AZ ESPRESSO MÁZHOZ:
- 2-3 evőkanál (30-45 ml) főzött eszpresszó vagy erős kávé
- ½ teáskanál (2 ml) instant eszpresszópor
- 1 csésze (120 g / 250 ml) porcukor

UTASÍTÁS:

A MOCHA Madeleines számára

a) Egy közepes tálban keverjük össze a lisztet, a kakaóport, az instant eszpresszóport, a sütőport és a sót. Félretesz, mellőz.

b) A habverővel felszerelt állványos mixer edényében, vagy kézi mixer használata esetén egy nagy keverőtálban keverje össze a tojást és a cukrot 5 percig, amíg a keverék sápadt és sűrű nem lesz. Belekeverjük a vaníliakivonatot.

c) Lassú fordulatszámon járó mixer mellett csorgassuk bele az olvasztott vajat a masszába, csak addig keverjük, hogy bedolgozzon. Alacsony fordulatszámon fokozatosan adjuk hozzá a száraz hozzávalókat, addig keverjük, amíg nem marad lisztcsík.

d) Egy spatulával kaparja le az edény oldalát és alját, hogy biztosítsa az összetevők alaposan összekeveredését. Fedjük le a tálat műanyag fóliával, vagy helyezzük át a tésztát egy légmentesen záródó edénybe. Tegye a tésztát hűtőszekrénybe legalább 2 órára, de legfeljebb 3 napig.

e) Körülbelül 30 perccel sütés előtt melegítse elő a sütőt 190 °C-ra, és tegyen rácsot a sütő felső harmadára. A madeleine serpenyőt bőségesen kikenjük puha (nem olvasztott) vajjal, majd enyhén megszórjuk kakaóporral, és a serpenyőt fejjel lefelé ütögetve eltávolítjuk a felesleget. Helyezze a serpenyőt a fagyasztóba.

f) Töltsön meg minden kagyló alakú üreget 1 evőkanál (15 ml) tésztával, vagy körülbelül háromnegyed részéig. Egy kis fagylalt vagy süteménykanál használata megkönnyítheti ezt a lépést. A maradék tésztát visszatesszük a hűtőbe.

g) Süssük a madeleine-t 8-10 percig, vagy amíg a tetejükön felfúvódnak és megszáradnak. Amint kijöttek a sütőből, azonnal bontsa ki a mokkás madeleine-t úgy, hogy a serpenyőt fejjel lefelé fordítja egy konyharuhán, és ha szükséges, finoman megütögeti a serpenyőt a munkalapon, hogy kiszabadítsa az elakadt madeleine-t. Hagyja hűlni a madeleine-t 15 percig.

h) A következő adag madeleine sütés előtt alaposan mossa ki a madeleine serpenyőt, majd vajjal és ismét szórja be kakaóporral. Tedd a fagyasztóba legalább 10 percre. Töltsük meg az üregeket hideg tésztával, majd süssük meg az utasítás szerint. Szükség szerint ismételje meg.

i) A madeleine-t mindig szobahőmérsékleten tálaljuk. A Madeleine-t a legjobb frissen sütve fogyasztani, de légmentesen záródó edényben szobahőmérsékleten is eláll akár 3 napig is.

AZ ESPRESSO MÁZHOZ:

j) Egy közepes tálban keverje össze a kifőzött eszpresszót és az instant eszpresszóport.

k) Beleszitáljuk a porcukrot, és teljesen összekeverjük. A máz legyen elég laza a mártáshoz, de elég vastag ahhoz, hogy átlátszatlan réteggel vonja be a madeleineket. Ha a máz túl sűrű, adjunk hozzá még főzött eszpresszót. Ha túl híg, adjunk hozzá még porcukrot.

l) Minden mokkás madeleine felét ferdén mártsuk a presszómázba; hagyjuk lecsepegni a felesleget úgy, hogy a mártott madeleineket rácsra tesszük. Hagyjuk pihenni, amíg a máz megszilárdul, körülbelül 30 percig.

m) A mázas mokkás madelein légmentesen záródó edényben szobahőmérsékleten legfeljebb 2 napig, hűtőben pedig akár egy hétig is eltartható. Tálalás előtt feltétlenül melegítse vissza a madeleine-t szobahőmérsékletre.

n) Élvezze ezeket az elragadó mokkás madeleine-eket elbűvölő eszpresszómázzal, elragadó kávétársként vagy ízletes esti csemegeként!

97. Espresso Madeleines

ÖSSZETEVŐK:

- ½ csésze sózatlan vaj, olvasztott
- 2 evőkanál instant eszpresszó por
- 2 nagy tojás
- ½ csésze kristálycukor
- 1 teáskanál tiszta vanília kivonat
- 1 csésze univerzális liszt
- 1 teáskanál sütőpor
- Csipet só

UTASÍTÁS:

a) Melegítsd elő a sütőt 190°C-ra (375°F). Zsírral és liszttel madeleine formákat.

b) Egy kis tálban keverje össze az instant eszpresszóport 1 evőkanál forró vízzel, hogy feloldódjon.

c) Egy közepes tálban habosra és sűrűre keverjük a tojást és a cukrot.

d) Adjuk hozzá az olvasztott vajat, a feloldott eszpresszót és a vaníliakivonatot a tojásos keverékhez, és keverjük jól össze.

e) Egy külön tálban keverjük össze a lisztet, a sütőport és a sót.

f) Fokozatosan keverjük a száraz hozzávalókat a nedves hozzávalókhoz, amíg össze nem kevertednek.

g) A masszát kanalazzuk a madeleine formákba, mindegyiket körülbelül ¾-ig töltve.

h) Süssük 8-10 percig, vagy amíg a madeleine aranybarna lesz, és enyhén megérintve visszaugrik.

i) Vegye ki a sütőből, és hagyja hűlni néhány percig a formákban, mielőtt rácsra helyezi, hogy teljesen kihűljön.

98. Matcha zöld teadélután Madeleines

ÖSSZETEVŐK:

- ½ csésze sózatlan vaj, olvasztott
- 1 evőkanál matcha zöld teadélután por
- 2 nagy tojás
- ½ csésze kristálycukor
- 1 teáskanál tiszta vanília kivonat
- 1 csésze univerzális liszt
- 1 teáskanál sütőpor
- Csipet só

UTASÍTÁS:

a) Melegítsd elő a sütőt 190°C-ra (375°F). Zsírral és liszttel madeleine formákat.

b) Egy kis tálban keverjük össze a matcha zöld teadélután port 1 evőkanál forró vízzel, hogy feloldódjon.

c) Egy közepes tálban habosra és sűrűre keverjük a tojást és a cukrot.

d) Adjuk hozzá az olvasztott vajat, az oldott matchát és a vaníliakivonatot a tojásos keverékhez, és keverjük jól össze.

e) Egy külön tálban keverjük össze a lisztet, a sütőport és a sót.

f) Fokozatosan keverjük a száraz hozzávalókat a nedves hozzávalókhoz, amíg össze nem keverednek.

g) A masszát kanalazzuk a madeleine formákba, mindegyiket körülbelül ¾-ig töltve.

h) Süssük 8-10 percig, vagy amíg a madeleine aranybarna lesz, és enyhén megérintve visszaugrik.

i) Vegye ki a sütőből, és hagyja hűlni néhány percig a formákban, mielőtt rácsra helyezi, hogy teljesen kihűljön.

99. Chai fűszerezett Madeleines

ÖSSZETEVŐK:

- ⅔ csésze sózatlan vaj, olvasztott
- 2 evőkanál méz
- 2 nagy tojás
- ½ csésze kristálycukor
- 1 teáskanál tiszta vanília kivonat
- 1 csésze univerzális liszt
- 1 teáskanál sütőpor
- 1 teáskanál őrölt fahéj
- ½ teáskanál őrölt gyömbér
- ¼ teáskanál őrölt kardamom
- ¼ teáskanál őrölt szegfűszeg
- ¼ teáskanál őrölt fekete bors
- Csipet só
- Porcukor a porozáshoz (opcionális)

UTASÍTÁS:

a) Egy kis serpenyőben olvasszuk fel a sózatlan vajat közepes lángon, amíg teljesen fel nem olvad. Hozzákeverjük a mézet, és félretesszük kicsit hűlni.

b) Egy keverőtálban keverjük össze a tojásokat és a kristálycukrot, amíg jól össze nem áll és enyhén habos lesz. Adjuk hozzá a tiszta vanília kivonatot, és keverjük újra, hogy elkeveredjen.

c) Egy külön tálban keverje össze a lisztet, sütőport, őrölt fahéjat, őrölt gyömbért, őrölt kardamomot, őrölt szegfűszeget, őrölt fekete borsot és egy csipet sót. Jól keverjük össze, hogy a fűszerek egyenletesen oszlanak el.

d) Fokozatosan adjuk hozzá a száraz hozzávalókat a tojásos keverékhez, minden hozzáadás után óvatosan keverjük, amíg a tészta sima és jól el nem keveredik.

e) Lassan öntsük a masszába az olvasztott vajat és méz keveréket, folyamatos keverés közben, amíg teljesen el nem keveredik.

f) Fedjük le a tálat műanyag fóliával, és tegyük hűtőbe legalább 2 órára, de lehetőleg egy éjszakára. A tészta hűtése elősegíti a madeleine ízének kibontakoztatását és a textúra javítását.

g) Melegítsd elő a sütőt 190°C-ra (375°F). Készítse elő a madeleine serpenyőt egy kevés olvasztott vajjal vagy főzőpermettel kenve. Ha tapadásmentes serpenyőt használ, előfordulhat, hogy ez a lépés nem szükséges.

h) Vegye ki a kihűlt tésztát a hűtőszekrényből, és óvatosan keverje össze, hogy jól összeálljon. Körülbelül 1 evőkanál tésztát kanalazunk a madeleine serpenyő minden kagyló alakú üregébe, körülbelül háromnegyed részig töltve őket.

i) Helyezzük a megtöltött madeleine formát az előmelegített sütőbe, és süssük 8-10 percig, vagy amíg a madeleine megkelt és a széle aranybarna lesz.

j) Vegye ki a serpenyőt a sütőből, és hagyja hűlni a madeleineket a serpenyőben egy-két percig, mielőtt óvatosan rácsra helyezi őket, hogy teljesen kihűljenek.

k) Kívánság szerint tálalás előtt porcukorral megszórjuk a kihűlt madeleineket.

100. Gróf szürkeTeadélután Madeleines

ÖSSZETEVŐK:

- ½ csésze sózatlan vaj, olvasztott
- 1 evőkanál Gróf szürketeadélutánlevél (laza vagy teászacskóból)
- 2 nagy tojás
- ½ csésze kristálycukor
- 1 teáskanál tiszta vanília kivonat
- 1 csésze univerzális liszt
- 1 teáskanál sütőpor
- Csipet só

UTASÍTÁS:

a) Melegítsd elő a sütőt 190°C-ra (375°F). Zsírral és liszttel madeleine formákat.

b) Egy kis tálkában keverje össze az Gróf szürketeadélutánleveleket 1 evőkanál forró vízzel, hogy felszabadítsa az ízeket.

c) Egy közepes tálban habosra és sűrűre keverjük a tojást és a cukrot.

d) Adjuk hozzá az olvasztott vajat, a feloldott Gróf szürketeát és a vaníliakivonatot a tojásos keverékhez, és keverjük jól össze.

e) Egy külön tálban keverjük össze a lisztet, a sütőport és a sót.

f) Fokozatosan keverjük a száraz hozzávalókat a nedves hozzávalókhoz, amíg össze nem verednek.

g) A masszát kanalazzuk a madeleine formákba, mindegyiket körülbelül ¾-ig töltve.

h) Süssük 8-10 percig, vagy amíg a madeleine aranybarna lesz, és enyhén megérintve visszaugrik.

i) Vegye ki a sütőből, és hagyja hűlni néhány percig a formákban, mielőtt rácsra helyezi, hogy teljesen kihűljön.

KÖVETKEZTETÉS

A francia sütemények világán és a madeleine varázslatos birodalmán keresztüli utazásunk végén reméljük, hogy ihletet, örömet és újonnan felfedezett szenvedélyt talált a sütés iránt. Ez nem csak egy szakácskönyv; ez egy átjáró az ízek és hagyományok világához, amelyet most behozhat konyhájába. Legyen szó családi összejövetelekről, délutáni teázásról, vagy egyszerűen csak egy kis öngondoskodásról sütögetsz, a madeleine különleges helyet foglal el mindenki szívében, aki ízlelgeti.

Köszönjük, hogy velünk tartott ebben a kulináris kalandban. Legyen mindig könnyű madeleine, harmonikus ízek, édes emlékek. Kellemes sütést, és teremtse meg varázslatos pillanatait a "Madeleine Varázslat: A kulináris utazás a francia sütemények világán keresztül" segítségével.

www.ingramcontent.com/pod-product-compliance
Lightning Source LLC
Chambersburg PA
CBHW071312110526
44591CB00010B/863